PATER ANSELM GRÜN | PETRA ALTMANN

Das Glück der Stille

52 Meditationen, spirituelle Impulse
und Übungen für den Alltag

SPIRITUELLE IMPULSE, ÜBUNGEN UND MEDITATIONEN FÜR 52 WOCHEN

Die Sehnsucht nach Stille ist heute groß, da wir ständig miteinander kommunizieren und uns über die Medien in einem unaufhörlichen Informationsstrom befinden.

Jederzeit kann das Handy klingeln. Oder eine SMS oder eine Mail kommt an, untermalt von einem Ton, damit wir sie auch beachten und möglichst bald beantworten. Die Leute leiden darunter, dauernd erreichbar zu sein. Sie wünschen sich mehr Ruhe im Leben, vielleicht auch mehr Momente des Alleinseins.

Wir spüren es selbst: Wenn wir nach einem langen Tag einen Spaziergang in einer stillen Landschaft machen oder wenn wir uns auf eine Bank setzen und die Stille genießen, die uns umgibt, dann ist das wie ein heilendes Bad. Es tut uns einfach gut.

Es beruhigt uns. Es bringt die inneren Turbulenzen zur Ruhe. Aller Druck von außen, alle belastenden Gedanken fallen von uns ab. Schwierigkeiten und Probleme sind für Momente, vielleicht für eine ganze Weile weit weg. Wir fühlen uns frei. Und wir fühlen uns von der Stille eingehüllt. Die Stille ist wie ein Segen, der sich als schützender Mantel um uns legt.

Wenn es wirklich ruhig wird

Zugleich mit der Sehnsucht nach Stille können wir bei vielen Menschen auch eine Angst vor der Stille beobachten. Es könnten auf einmal unangenehme Gedanken auftauchen, die sie mit der Unstimmigkeit ihres Lebens konfrontieren. Das ungelebte Leben meldet sich in der Stille zu Wort. Aber davon möchten wir lieber nichts hören.

Und auch von anderen unangenehmen Tatsachen wollen wir lieber nichts wissen: von all dem, was uns vermeintlich anklagt, was uns Schuldgefühle bereitet. Also schalten wir schnell den Fernseher ein, sobald es ruhig wird, oder wir hantieren am Handy herum oder beschäftigen uns am PC, um uns irgendwie abzulenken.

Stille und Schweigen

Zwei Wörter sind von Bedeutung: Stille und Schweigen. Stille ist uns vorgegeben. Eine Kirche ist still. Und indem wir uns in die stille Kirche setzen, werden wir von ihrer Stille eingehüllt. Die Stille umgibt uns. Ein Wald ist still. Beim Spaziergang durch den Wald können wir die heilsame Stille spüren. Das Rauschen des Waldes, das Plätschern des Baches, das Singen der Vögel stört diese Stille nicht. Die Geräusche der Natur machen vielmehr die Stille erst hörbar. Die Stille, die uns umgibt, lädt uns ein, selbst still zu werden. Wir spüren, dass es unangebracht ist, einen stillen Wald mit dem Lärm eines Radios oder CD-Players zu stören. Wir nehmen den Lärm als Beschmutzen der Stille wahr.

Schweigen ist etwas Aktives. Ich halte den Mund. Ich rede einfach nicht. Aber es genügt nicht, nur äußerlich zu schweigen. Ich muss auch meine Gedanken zum Schweigen bringen. Und das ist wesentlich schwieriger. Denn sobald wir versuchen, äußerlich zu schweigen, melden sich viele Gedanken in uns. Ich begegne mir selbst mit all meiner inneren Unruhe und Zerrissenheit.

Der erste Schritt des Schweigens ist dann das Annehmen dessen, was in mir ist. Wenn ich all diese Gedanken loswerden möchte, kommen sie immer wieder zurück. Ich muss sie erst in aller Ruhe anschauen und annehmen und mir sagen: Das bin ich auch. Ich bin der Mensch, der so viele Gedanken hat, der so zerrissen und unruhig ist. Wenn ich das annehme, kann ich die Gedanken auch loslassen.

Es gibt einen Grundsatz: Nur was ich annehme, kann ich loslassen. Was ich ablehne, das bleibt an

3

mir hängen. So ist der zweite Schritt des Schweigens das Loslassen meiner Gedanken und Emotionen. Der dritte Schritt wäre dann das Einswerden.
Ich werde eins mit mir selbst und eins mit Gott.
Wenn ich mit Gott eins werde, dann kommt
mein Schweigen ans Ziel. »Nur zu Gott hin wird
stille meine Seele«, heißt es in Psalm 62,2. Und
der heilige Augustinus hat die berühmten Worte
geschrieben: »Unruhig ist unser Herz, bis es Ruhe
findet in dir, mein Gott.«

Die Kunst, nicht zu bewerten

Von den Gedanken, die ständig in unserem Kopf
umherschwirren, befasst sich ein nicht geringer
Teil mit anderen Menschen. Diese Erfahrung
haben schon die frühen Mönche gemacht. So
sagte Abbas Poimen, einer der bedeutendsten
Altvater, einmal: »Da ist ein Mensch, der scheint
zu schweigen, aber sein Herz verurteilt andere.
Ein solcher redet in Wirklichkeit ununterbrochen.
Und da ist ein anderer, der redet von der Frühe
bis zum Abend, und doch bewahrt er das Schwei-

gen, das heißt: Er redet nichts Nutzloses.« Es ist
unser Richtgeist – so wird er im Neuen Testament
genannt –, der ständig über den Bruder und die
Schwester redet, der alles bewertet, was er wahr-
nimmt, und der sich dauernd über den anderen
Gedanken macht. Er urteilt und verurteilt. Es ist
wohl die schwerste Aufgabe, diesen Richtgeist in
uns zum Verstummen zu bringen.

Das Verstummen des Mundes bedeutet nicht,
dass auch unser Geist verstummt. Nicht nur der
Richtgeist redet ständig in uns. Es gibt auch noch
andere trübe Geister, die sich ohne Unterlass in
uns zu Wort melden. Etwa das Sich-Vergleichen.
Wir sind dann nicht bei uns selbst. Wir kommen
nicht zur Ruhe, weil wir uns ständig an anderen
Menschen messen. Diese Gedanken sind oft genug
noch verbunden mit Ärger, Neid, Eifersucht.
Der heilige Benedikt nennt einen anderen trüben
Geist das Murren. Immer wieder schimpft er gegen dieses Laster. Und er schreibt: »Dazu mahnen
wir vor allem: Man unterlasse das Murren.« Es
mache unzufrieden und lasse den Mönch nie zur

Ruhe finden. Und das Murren trenne ihn von Gott und von seinem wahren Selbst. Er finde nie zum inneren Raum der Stille. Letztlich rebelliere er gegen das Leben und gegen Gott und sich selbst.

Die Stille genießen

Der Weg der Mönche war ein Weg des Schweigens. Das Schweigen führte sie zur Selbsterkenntnis, und es öffnete sie für Gott. Wir können heute nicht so radikal schweigen wie die Mönche vor 1600 Jahren. Aber wir können im Alltag immer wieder das Schweigen einbauen.

Eine Übung könnte sein: für bestimmte Zeiten den Fernseher und das Radio ausstellen. Und auch Zeiten festsetzen, in denen das Handy ausgeschaltet ist und der Computer. Ich schaffe mir eine geschützte Zeit der Stille. Das ist eine äußere Voraussetzung. Dann kann ich die Stille genießen. Ich darf die Stille auch nicht mit tausend Aktivitäten zustopfen. So wäre ich zwar äußerlich still, aber trotzdem innerlich unruhig, weil ich ständig beschäftigt wäre.

Stille will mir einen Freiraum schenken. Ich gönne mir die halbe Stunde, entweder um einfach in meinem Sessel zu sitzen und nachzudenken. Oder aber ich lese und tauche im Lesen in eine andere Welt ein. Dann trägt mich die Stille von meinem Alltag weg, und ich entdecke die Weite meines eigenen Herzens. Denn die Welt, in die mich die Stille entführt, ist auch in mir. Oder aber ich meditiere. Ich beobachte den Atem, wie er kommt und geht. Ich kann den Atem mit dem Jesusgebet verbinden. Beim Einatmen sage ich »Herr Jesus Christus« und beim Ausatmen »Sohn Gottes, erbarme dich meiner«. Dann führt mich dieses Gebet, verbunden mit dem Atem, in den inneren Raum der Stille, zu dem der Lärm des Alltags keinen Zutritt hat.

Auch bei der Arbeit gibt es immer wieder Gelegenheiten, den äußeren Lärm zur Ruhe zu bringen. Ich halte kurz im Büro inne und spüre in den inneren Raum der Stille, zu dem die Menschen mit ihren Wünschen und Ansprüchen keinen Zutritt haben. Gerade vor Sitzungen oder

Sich durch Schweigen reinigen

Henry Nouwen, der bekannte holländische Theologe und Psychologe, hat bei seinem Aufenthalt im Trappistenkloster in den Siebzigerjahren des 20. Jahrhunderts die Erfahrung gemacht, dass das viele Reden ihn innerlich beschmutzt. Und da spürte er die Sehnsucht in sich, diese emotionale Beschmutzung durch Schweigen zu reinigen. Eine ähnliche Einsicht steckt hinter dem Wort des indischen Philosophen und Dichters Rabindranath Tagore: »Der Staub der toten Worte haftet an dir; bade deine Seele im Schweigen.« Worte können sich wie Staub auf unsere Seele legen. Das Schweigen ist gleichsam ein Bad, das uns von diesem Staub reinigt. Dieses reinigende Bad ist für unsere Seele heilsam.

Der dänische Philosoph Sören Kierkegaard schreibt über die Gesellschaft in der ersten Hälfte des 19. Jahrhunderts: »Der heutige Zustand der Welt, das ganze Leben ist krank. Wenn ich Arzt wäre und man fragte mich, was rätst du? – Ich würde antworten: Schaff Schweigen!«

nach Gesprächen mit Mitarbeitern ist es gut, kurz innezuhalten. Dann lasse ich mich nicht von den Erwartungen und den Problemen der anderen bestimmen. Ich komme mit dem Grund meiner Seele in Berührung. Ich reagiere nicht einfach auf die anderen. Ich lasse mir von ihnen nicht die Rolle zuschieben, die ich spielen soll.

Wenn ich mit dem stillen Raum in mir in Berührung bin, dann handle ich aus meiner inneren Mitte, dann spüre ich in mir, was ich sagen oder was ich tun sollte. Ich bringe Ruhe in die aufgeregte Situation hinein. Gerade wenn mich etwas sehr aufgewühlt hat – ein Telefongespräch mit einem Kunden, eine Mail vom Chef, die Beschwerde eines Mitarbeiters –, ist es gut, wenn ich für einen Augenblick innehalte, um im Innern wieder Halt zu finden. Dann werde ich nicht von den äußeren Dingen hin und her gezerrt. Ich finde im inneren Raum der Stille Halt. Wenn ich innehalte, schenkt mir das innere Halt. Ich habe Boden unter den Füßen. Ich stehe wieder auf einem festen Fundament. Ich bin getragen.

Was Kierkegaard damals geschrieben hat, gilt für unsere Zeit noch viel mehr. Der Zustand der Welt ist krank. Dieses ständige Kommunizieren, der Druck, immer erreichbar zu sein, der Zwang, alles sofort irgendjemandem auf dem Handy mitteilen zu müssen, macht uns krank. Wir sind von außen gesteuert. Das Schweigen bringt uns wieder nach innen, es bringt uns in Berührung mit unserer Seele. Das ist heilsam für uns.

Stiller Raum

Die frühen Mönche sprechen davon, dass in jedem von uns ein innerer Raum der Stille ist. Wir müssen diesen Raum gar nicht ausräumen. Er ist schon voll von Stille. Aber wir sind oft abgeschnitten von diesem Raum. Wir haben keine Beziehung dazu. Eine Schuttschicht von Sorgen, Ängsten und Problemen hat sich über diesen Raum gelegt. Ein Weg, um in diesen Raum zu gelangen, ist die Meditation. Ein anderer Weg besteht darin, sich einfach vor Augen zu halten: Unter all dem Schutt ist in mir dieser innere Raum. Allein das Bild ist schon ein Schlüssel, der mir diesen Raum der Stille aufschließt. Und dann kann ich mir mitten im Trubel des Alltags vorstellen: Ich ziehe mich in den inneren Raum der Stille zurück. Dort hat der Lärm des Alltags keinen Zutritt. Dort kann ich aufatmen, allein sein mit mir, eins sein mit meinem innersten Selbst. Die Menschen mit ihren Erwartungen und Ansprüchen und Meinungen über mich haben dort keinen Zutritt. Auch meine eigenen Selbstzweifel und Selbstbeschuldigungen können dort nicht eindringen. Und genauso wenig können verletzende Worte oder Blicke in diesen inneren Raum der Stille gelangen. Nur meinen emotionalen Bereich können sie berühren und mich dort kränken. Doch in den innersten Raum der Stille können sie nicht vordringen.

Der Ort der Stille in mir ist ein heiliger Raum, der der Macht der Welt entzogen ist. Er ist immer und jederzeit für mich zugänglich. Dort fühle ich mich behaglich, geborgen, geschützt. Da bin ich ganz ich selbst. Dort kann ich mich ausruhen und die Stille als innere Freiheit genießen.

Lassen Sie sich auf die Stille ein

Obwohl wir um die heilende Wirkung der Stille wissen, gönnen wir sie uns nur selten. So möchte dieser Tischaufsteller Sie, liebe Leserin, lieber Leser, das ganze Jahr über daran erinnern, sich auf die Stille einzulassen, die Sie umgibt, und das Schweigen einzuüben, das Sie befreit vom inneren Richtgeist, das Sie befreit von pausenlosen Selbstgesprächen, die nur immer um das Gleiche kreisen. Manche Menschen haben ein Tonband in sich laufen, das nie aufhört. Da braucht es die Stille, um die Stopptaste zu drücken. Es tut so gut, wenn diese inneren Selbstgespräche endlich einmal aufhören oder wenn sie zumindest vorübergehend nicht stattfinden.

Wenn ich die Pause genieße, habe ich auch nicht mehr das Bedürfnis, das Tonband meiner Selbstgespräche wieder einzuschalten. Ich schweige und bin einfach ganz im Augenblick. Ich muss gar nichts tun, nichts erledigen. Ich bin einfach da. Und ich genieße das reine Sein. Stillsein hat etwas mit dem reinen Sein zu tun. Die Theologie nennt Gott das reine Sein. Wenn wir in der Stille teilhaben an diesem reinen Sein, das ohne Absicht und ohne Druck einfach nur da ist, dann haben wir letztlich teil an Gott, dann sind wir in Gott, und Gott ist in uns. Und wenn Gott in uns ist, dann brauchen wir vor der Stille keine Angst zu haben. Dann werden keine Dämonen auftauchen, keine Selbstbeschuldigungen, kein Murren, das uns innerlich zerreißt. Dann sind wir im Frieden mit uns selbst und mit Gott.

Zu diesem inneren Frieden, diesem Genießen der Stille möchten wir Sie mit den Texten anregen, die Sie jeweils eine Woche lang begleiten. Die Texte wollen Sie nicht belehren, sondern Sie anstoßen, damit Sie die Weisheit erkennen, die schon in Ihrer Seele ist. Aber es braucht manchmal den äußeren Impuls, um das in uns wahrzunehmen, was schon in uns ist. In jedem von uns ist die Weisheit, die darum weiß, was für uns und unsere Seele gut ist. Und in uns ist schon der innere Raum der Stille. Der Impuls will uns durch das Chaos unserer Gedanken und Gefühle immer wieder hindurchstoßen, damit wir eintreten dürfen in diesen heiligen inneren Raum der Stille, in dem wir heil sind und ganz, rein und klar und ursprünglich und authentisch, in dem wir bei uns daheim sind, weil das Geheimnis Gottes in uns wohnt.

Der vorliegende Tischaufsteller enthält drei verschiedene Textarten:

 spirituelle Impulse

 Übungen für den Alltag

 Meditationen

Bitte nehmen Sie sich Zeit für alles – für das Lesen, das Nachdenken und das Einüben. Nehmen Sie die Texte immer wieder zur Hand, versuchen Sie, ganz allmählich in die Praxis der Meditationen und Übungen einzusteigen. Lassen Sie sich Zeit für alles, in den Momenten der Stille herrscht kein Druck. Der Weg in die Meditation gelingt nicht von heute auf morgen, genauso wenig wie manche hier enthaltene Übung. Auch im Meditieren sehr erfahrenen Menschen gelingt es nicht jeden Tag gleich gut, sich in die Betrachtung zu versenken. Dies hängt immer von der jeweiligen Befindlichkeit ab.

Deshalb seien Sie behutsam und hadern Sie nicht mit sich selbst. Sie werden auf dem Weg in die Stille sehr viel über sich selbst erfahren und viele beglückende Momente erleben.

Dies wünschen wir Ihnen von Herzen.

Petra Delmann   C. Al ...

9

1 Sich in die Stille wagen

Aller Anfang ist schwer

»Alles hat seine Stunde. Für jedes Geschehen unter dem Himmel gibt es eine bestimmte Zeit ... eine Zeit zum Schweigen und eine Zeit zum Reden ...«
Altes Testament, Buch Kohelet 3, 1 und 7

Vollkommene Stille ist für viele von uns etwas völlig Ungewohntes. Wir sind umgeben von einer Geräuschkulisse aus Straßenlärm und Musikberieselung und durch Fernsehgeflimmer und Werbebotschaften ständig optischen Reizen ausgesetzt. Wirkliche Stille gibt es kaum, und wenn man sie erfährt, kann es passieren, dass man unruhig wird. Wir sind es eben nicht mehr gewohnt, ohne Ablenkung zu leben und ganz auf uns gestellt zu sein. **Deshalb ist der erste Schritt** in die Stille nicht ganz einfach. Aber das Wagnis lohnt sich! Wunderbare Plätze, um sich an die Stille zu gewöhnen, sind Kirchen und Kreuzgänge. Hier ist das Schweigen sozusagen vorgegeben. Und eine Kirche, die tagsüber offen ist, findet man in jedem Ort. Man kann sie betreten, egal ob gläubig oder nicht, und die Stille erfahren.

Setzen Sie sich einfach einmal für ein paar Minuten in eine Kirchenbank und schließen Sie die Augen. Nehmen Sie wahr, was die Stille mit Ihnen macht. Atmen Sie tief ein und ganz langsam wieder aus. Lauschen Sie, riechen Sie und spüren Sie. Die Stille ist förmlich greifbar. Fürs Erste reichen fünf Minuten. Die können Sie eigentlich immer erübrigen, wenn Sie unterwegs sind zu einem Termin, beim Einkaufen oder in der Mittagspause. Sie werden gestärkt aus der Kirche hinausgehen in den Lärm und Trubel des Alltags.

1

Es ist leichter, ganz zu schweigen,
als sich im Reden zu mässigen.

THOMAS VON KEMPEN

2 Dem Lärm entfliehen
Oasen im Alltag

Ruhepole zu finden, ist auch im Alltag möglich. Sie sind wie kleine Oasen, die uns die Gelegenheit bieten, für kurze Zeit zu entspannen und uns dann erfrischt wieder an die Arbeit zu machen.

Ein wenig kann man sich am Rhythmus der Mönche orientieren, deren Tagesablauf aus dem »ora et labora« – dem Wechsel von Gebet und Arbeit – besteht. Wenn die Glocke zum Chorgebet ruft, lassen sie die Arbeit ruhen, egal, womit sie im Moment beschäftigt sind.

So kann jeder von uns auch kleine Ruhephasen in den Tag einbauen. Dies kann ein Moment der Besinnung am Morgen sein, ein kleiner Spaziergang nach dem Mittagessen oder eine Meditation am Abend, mit der wir uns auf die Nacht einstimmen. Seien Sie kreativ!

Alles, was Sie dafür brauchen, ist ein Ort, an den Sie sich für kurze Zeit zurückziehen können. Das kann eine Ecke in der Wohnung sein, eine Parkbank in der Nähe des Büros, ein ruhiger Weg, den Sie entlangschlendern. Stellen Sie den Computer aus und das Handy ab und bewegen Sie sich fort von Ihrem Arbeitsplatz.

Wichtig ist es, sich unbedingt einen festen Termin für die tägliche Auszeit zu reservieren und diesen auch einzuhalten. Stellen Sie sich vielleicht einfach einen Wecker, der Sie – wie die Klosterglocke – daran erinnert, dass jetzt Ihre Zeit des »ora« angebrochen ist. Kalkulieren Sie eine realistische Zeitspanne. Zweimal fünf Minuten täglich sind schon sehr wertvoll, je zehn Minuten natürlich noch besser. Sie werden allmählich merken, wie sehr Sie von diesen kurzen Auszeitphasen profitieren.

2

Gönnen Sie Ihrem Geist durch
gerechte Entspannung
die nötige Ruhe.

PAUL VOM KREUZ

3 Die Stille in mir finden

Wo ist mein ruhender Pol?

»Dass ein Mensch ein ruhiges Leben in Gott hat, das ist gut. Dass ein Mensch ein mühevolles Leben mit Geduld erträgt, das ist besser. Dass man aber Ruhe hat im mühevollen Leben, das ist das Beste.«
Meister Eckehart

Jeder Mensch hat in sich einen Raum der Stille. Doch dieser innere Raum ist oft verstellt mit allerlei Unrat, mit Sorgen, Ängsten, lärmenden Gedanken. So finden wir die Tür zu diesem inneren Raum häufig nur sehr schwer. Wir können ihn nicht im Körper lokalisieren. Er ist auf dem Grund der Seele.

Wenn wir durch alle lärmenden Gedanken und Gefühle hindurch nach innen horchen, dann können wir erahnen, dass jenseits der Gedanken, jenseits der Ängste, jenseits der Eifersucht, jenseits des Ärgers auf dem Grund unserer Seele dieser innere Raum der Stille ist.

Dort ist es schon still. Wir müssen die Stille nicht selber erschaffen. Es geht nur darum, die Stille in uns wahrzunehmen. Dann erleben wir die Stille als ruhenden Pol in uns, zu dem wir mitten in den Turbulenzen unseres Alltags immer wieder zurückkehren können.

Mitten im Trubel der Fußgängerzone einer Groß-stadt kann ich innehalten, um im Innern Halt zu finden. Zu diesem inneren Raum der Stille hat der Lärm, der mich umgibt, keinen Zutritt. Dort haben auch die grübelnden Gedanken, was ich noch alles zu erledigen habe, nichts zu suchen. Dort ist es ganz still in mir. Das tut mir gut. Die innere Stille macht mich still.

3

Behutsames Schweigen ist das Heiligtum der Klugheit.

BALTASAR GRACIÁN Y MORALES

(4) Wonach sehne ich mich?
Sich selbst ein Geschenk machen

Wenn wir von Sehnsüchten sprechen, denken wir oft an große Dinge. Eine lange Reise, ein schönes Haus oder ein tolles Gefährt. Oder wir wünschen uns eine erfüllende Partnerschaft, Geborgenheit, Sicherheit, Zufriedenheit.

Aber in jedem von uns schlummern Sehnsüchte nach kleinen Dingen, die uns oft gar nicht bewusst, die aber leicht zu erfüllen sind.

Seine Sehnsüchte kann man spielerisch entdecken. Nehmen Sie sich einen Stapel Notizzettel und gehen Sie die Buchstaben des Alphabets durch. Überlegen Sie sich von A bis Z für jeden Buchstaben jeweils einen Begriff, mit dem Sie positive Erfahrungen und Erinnerungen verbinden. Für das »A« könnten dies beispielsweise Wörter wie »Aufbruch«, »Abendrot« oder auch der Name eines Menschen sein, mit dem Sie sich besonders verbunden fühlen. Schreiben Sie jeden Begriff auf einen eigenen Zettel, und lassen Sie sich Zeit dafür. Wenn Sie fertig sind, legen Sie Ihre Zettelsammlung auf dem Boden aus. Nun haben Sie eine wunderbare Vielfalt an positiven Impulsen und Erlebnissen, die Ihnen etwas Besonderes bedeuten. Aus dieser Fülle können Sie schöpfen.

Wenn Ihnen diese aufgeschriebenen Dinge so gut getan haben – warum sollten Sie sie nicht wiederholen? Suchen Sie sich jede Woche einen Zettel heraus und setzen Sie das, was darauf steht, in die Tat um. »Gönnen« Sie sich das Erlebnis eines Abendrots, treffen Sie sich mit einem Menschen, der Ihnen gutgetan hat, und brechen Sie auf zu den Dingen, die Sie schon seit Langem einmal in die Tat umsetzen wollten.

4

Die Schätze der Seele sind verborgen und in Frieden, sodass nicht einmal wir um sie wissen.

JOHANNES VOM KREUZ

5 eine Reise in mein Inneres

Wie sieht es in mir aus?

Mit einer kleinen Meditation können wir in unserem Inneren ein wenig auf Schatzsuche gehen und entdecken, wie es in uns aussieht.

Begeben Sie sich an einen ruhigen Ort, an dem Sie ungestört sind. Setzen Sie sich bequem hin, schließen Sie die Augen und atmen Sie tief ein. Mit Ihrem Atem wandern Sie gedanklich in Ihr Inneres, zu Ihrem Herzen. Stellen Sie sich Ihr Herz als kleinen Raum vor, dessen Tür Sie öffnen. Dieser Herzensraum ist möbliert. Es befinden sich dort sehr schöne Dinge wie Liebe, Glück, erfüllende Erlebnisse, Menschen, die Ihnen etwas bedeuten. Dann gibt es dort Gegenstände, die den Blick auf die schönen Dinge versperren. Beispielsweise ungeliebte Verpflichtungen, kleine Ärgernisse des Alltags. Eigentlich sind sie unbedeutend und soll-

ten das Schöne nicht verdrängen, deshalb werfen Sie diese Dinge einfach, bildlich gesprochen, aus Ihrem Herzensraum hinaus. Sie werden darüber hinaus vermutlich aber auch sperriges Gerümpel finden, wie Ärger, Probleme, Verletzungen, Traurigkeit. Nehmen Sie dieses Gerümpel genau unter die Lupe. Vielleicht können Sie auf das ein oder andere Stück verzichten. Vielleicht auch einzelne Stücke bearbeiten, damit sie Ihnen kein Dorn mehr im Auge sind.

Entrümpeln Sie beherzt, dann wird es Ihnen leichter ums Herz. Oder Sie lassen ein hässliches Möbelstück gedanklich einfach stehen. Beim nächsten Mal haben Sie möglicherweise eine Idee, was Sie damit machen können. Besuche in Ihrem Herzensraum lohnen sich immer. Denn so wissen Sie, wie es in Ihnen aussieht.

Wenn du dich selbst erkennen willst, dann kehre bei dir selbst ein und suche dich nicht ausserhalb deiner selbst.

6 OHNE WORTE
Die Schätze des Schweigens entdecken

Das Schweigen ist ein großer Helfer in vielen Lebenslagen. Wer sich in Schweigen übt und nicht alles totzureden versucht, wird Wertvolles in sich entdecken.

- *Schweigen kann uns helfen, unsere Mitmenschen besser zu verstehen, indem wir sie wortlos wahrnehmen und nicht gleich beurteilen.*
- *Schweigen kann uns helfen, unsere Gefühle in unserem Inneren zu bewahren, statt sie zu zerreden.*
- *Schweigen ermöglicht uns, unsere innere Stimme wahrzunehmen.*
- *Schweigen schafft Distanz zu unseren Sorgen und Nöten, denn so werden sie nicht zum Mittelpunkt unseres Redens.*
- *Schweigen kann uns helfen, innerlich leer zu werden, damit wir Neues aufnehmen können.*
- *Schweigen öffnet uns für die Schönheit der Welt und wir können lernen, Dankbarkeit auch für kleine Dinge zu empfinden.*
- *Schweigen bringt die Natur in uns zum Klingen, indem wir sehen, hören, riechen, schmecken.*
- *Schweigen unterstützt uns dabei, unsere Gedanken zu ordnen. So werden wir Herr unserer Gedanken und nicht von ihnen beherrscht.*
- *Schweigen kann uns helfen, nicht um uns selbst zu kreisen und so offener zu werden für andere.*
- *Schweigen kann uns helfen, bedachte, achtsame Menschen zu werden und das Vorlaute verstummen zu lassen.*

Warum nur schweigen wir so selten?

6

ein gutes Wort
geht über die beste Gabe.

BENEDIKT VON NURSIA

(7) NICHT ALLES BRAUCHT EINEN KOMMENTAR
Auf Worte verzichten lernen

Schweigen ist in unserer Kommunikationsgesellschaft zu einem kostbaren Gut geworden. Manches wird totgeredet, und viele Menschen halten es gar nicht mehr aus, wenn keine Worte gewechselt werden. Sie werden unruhig, zappelig, weil sie nicht mehr durch Gerede abgelenkt sind.

Nichts zu reden, ist für viele von uns ungewohnt, aber Schweigen kann man lernen. Es gibt sogar Schweigekurse, und so manches Kloster bietet Schweigetage und -wochen an. In der Gruppe ist das Schweigen eine ganz neue Erfahrung. Es mag am Anfang vielleicht ungewohnt sein, wenn man mit unbekannten Menschen die Stunden teilt und sich nicht mit Worten austauschen kann. Aber nach recht kurzer Zeit merkt man, wie erleichternd das Schweigen sein kann. Man fühlt sich selbst nicht verpflichtet, Konversation zu machen, und muss sich auf der anderen Seite auch nicht ständig etwas anhören. Man geht offener auf den anderen zu, nimmt ihn eher wahr, konzentriert sich auf seine Mimik, Gestik, seine Körpersprache. Die persönliche Ausstrahlung jedes einzelnen Menschen kann so ihre Wirkung entfalten, ohne kommentiert oder zerredet zu werden. Oft möchte man am Ende eines Schweigekurses die Tage noch verlängern, weil die Stunden ohne Worte so erholsam sind.

Es ist eine sehr bereichernde Erfahrung, die man jedem empfehlen kann. Das Schweigen schafft eine enge Verbindung zu anderen, die stärker wirkt als viel Gerede. Wer in der Gruppe das Schweigen lernt, dem wird es leichter fallen, auch im Alltag des Öfteren auf Worte zu verzichten.

7

Nicht reden ohne Nutzen,
sondern nur zu eigenem oder
des Nächsten Nutz.

8 Die Gedanken ruhen

Zum inneren Schweigen finden

In der Stille kann der Mensch seine innere Stimme hören. Sie meldet sich zuweilen genauso laut wie die Außengeräusche. Man kann lernen, auch innerlich zu schweigen.

Die innere Stimme ist nicht immer angenehm, denn sie spricht von Ängsten, Zwängen, Ärgernissen, starken Emotionen. Dinge, die oft tief in unserem Unterbewusstsein eingelagert waren, weil wir sie durch den Außenlärm nicht mehr hörten. Man sollte diese Gefühle annehmen, sie aber nicht bewerten. Damit sie nicht in Vergessenheit geraten oder im Alltag wieder übertönt werden, kann man sie sich aufschreiben. Eine Meditation hilft uns, das innere Schweigen zu lernen. Setzen Sie sich dazu entspannt hin, schließen Sie die Augen und atmen Sie tief ein und lange aus. Suchen Sie sich ein positiv besetztes Wort aus, das Sie innerlich langsam wiederholen. Dies kann ein Begriff sein wie »Sonne«, »Meer«, für gläubige Menschen auch »Gott«. Sagen Sie sich nun innerlich den Begriff immer wieder vor, stellen Sie ihn sich geschrieben vor und betrachten Sie mit geschlossenen Augen diese Buchstaben. Alles, was Ihnen sonst in den Sinn kommt, schieben Sie gedanklich einfach beiseite. Meditieren Sie nur über das eine Wort. Nöte, Ängste, Probleme haben jetzt keinen Platz in Ihren Gedanken, auch wenn sie noch so dominant nach vorn drängen. Sie bleiben bei Ihrem Begriff. **Die Übung können Sie täglich wiederholen.** Zehn Minuten sollten Sie sich mindestens Zeit nehmen. Und mit häufiger Wiederholung wird es Ihnen aus dem Stand gelingen, sich mit dieser Meditation einen Raum der Stille im Alltag zu schaffen.

8

Wer mit sich im Frieden lebt,
     denkt von niemandem Arges.

THOMAS VON KEMPEN

9 MIT DEM SCHWEIGEN UMGEHEN
Schweigephasen in den Tag einbauen

Schweigephasen, wie sie viele Ordensleute auch praktizieren, kann jeder von uns im Alltag verwirklichen. Sie sind eine wahre Erholung für Körper, Geist und Seele.

Überlegen Sie einmal, wann Schweigephasen in Ihren Tagesablauf passen würden. Können Sie den Morgen im Schweigen beginnen und sich so auf den Tag einstimmen? Möchten Sie am Mittag eine »Sprechpause« einlegen oder vielleicht den Abend entsprechend ausklingen lassen und einen Rückblick auf die vergangenen Stunden halten? Auch die ein oder andere Stunde am Wochenende eignet sich als Schweigephase für all jene, die während der Woche keine Zeit dafür finden.

Oft sprechen wir ja auch eine ganze Weile nichts und machen uns dies aber nicht klar. Hier geht es hingegen um eine Schweigezeit, die wir ganz bewusst für uns nutzen können.

Besonders entspannend ist es, im Schweigen zu gehen. Auf einer kleinen Runde oder auch einer längeren Wanderung kann man im Rhythmus der Schritte schweigen. Vieles, was einen da beschäftigt, verflüchtigt sich beim Gehen. Und so manches Problem verliert seine Dimension.

Bereichernd ist das Schweigen auch mit vertrauten Personen, dem Partner oder engen Freunden. Man kann sich darüber verständigen, eine ganze Weile nicht zu reden, und bewegt sich schweigend mit den anderen in der Natur. Dies schafft Gemeinsamkeiten, Vertrauen und Zusammenhalt. Denn mit Menschen, mit denen ich schweigen kann, kann ich mich auch über das austauschen, was in meinem Inneren passiert.

9

Im Schweigen sehen wir alles
in einem neuen Licht.

Mutter Teresa

10 aus dem Schweigen Kraft ziehen

Die innere Quelle

Jeder von uns hat eine innere Quelle, die manches Mal verschüttet ist. Sie ist ein Kraftspender und bereichert unser Leben. Sie befruchtet unsere Gedanken und Handlungen.

Das Schweigen tut meiner Seele gut. Da kann sie aufatmen, sich erholen. Da schöpft sie in sich neue Kraft. Sie kommt in Berührung mit der inneren Quelle, die in mir fließt. Diese Quelle ist unerschöpflich, weil sie göttlich ist. Das Schweigen ist auch eine Quelle von Inspiration. Wenn ich still werde und meine Seele im Schweigen bade, kommen auf einmal neue Ideen in mir hoch. Ich habe lange über etwas nachgedacht und keine Lösung für das Problem gefunden, das mich beschäftigt, weil es in mir zu sehr rumort und die wesentlichen Dinge dadurch übertönt werden. Doch dann habe ich meine Gedanken endlich zum Schweigen gebracht. Auf einmal tauchen heilsame Gedanken auf. Auf einmal steigt wie aus heiterem Himmel die Lösung in mir hoch. Und das Schweigen ist wie ein kurzer Mittagsschlaf der Seele. Da ist sie nicht beschäftigt. Da kann sie ausruhen, um neue Kraft in sich zu finden. Solche Ruhephasen braucht jeder von uns immer wieder.

Stellen Sie sich vor, dass Sie durch den Lärm der Gedanken beim Ausatmen in den Grund der Seele gelangen. Dort sprudelt eine klare, frische Quelle in Ihnen, die Sie jetzt auf Ihrem Weg, da Sie müde geworden sind, erfrischt und stärkt. Sie können sich bildlich ausmalen, wie das Wasser Ihre Kehle herunterrinnt und Ihren ganzen Körper durchströmt und erfüllt. Dann können Sie getrost weitergehen auf Ihrem Weg.

10

Ein Auge, das immerfort herum-
schweift ... kann einen bestimmten
Gegenstand nicht sehen.

BASILIUS DER GROSSE

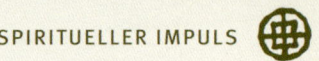

11 Wo kann ich bei mir selbst sein?
Ruheplätze und Andersorte finden

Angelus Silesius, der bedeutende Mystiker des Barock, formulierte eine einfache Wahrheit: »Halt an, wo läufst du hin? Der Himmel ist in dir! Suchst du Gott anderswo, du fehlst ihn für und für.«

Was Angelus Silesius uns sagen will: Um Ruheplätze zu finden, muss man oft gar nicht weite Wege zurücklegen. Wer einen Raum besitzt, in dem er jederzeit die Tür schließen und alleine sein kann, darf sich natürlich glücklich schätzen. Nicht jeder hat diese Möglichkeit, und man braucht sie auch nicht unbedingt. Eine Nische, die einem Rückzugsmöglichkeiten bietet, kann man sich selbst in einer kleinen Wohnung einrichten. Es sollte ein Winkel mit einer bequemen Sitzmöglichkeit sein, der so gestaltet ist, dass Sie sich dort wohlfühlen. Wenn Sie sich dorthin zurückziehen, sollte Ihre Familie wissen, dass Sie für eine Weile ungestört sein möchten. Dies müssen Sie vorab klären. Vielleicht gibt es ja auch andere Familienmitglieder, die ab und zu einen Winkel brauchen, in dem sie durchatmen können. Sie werden Ihr Anliegen dann sicherlich sehr gut nachvollziehen können. Es hat etwas mit gegenseitigem Respekt zu tun, dem anderen seinen Wunsch nach Stille zu lassen.

Wer sich im häuslichen Umfeld nicht zurückziehen kann oder möchte, sollte sich einen »Andersort« suchen. Dies ist ein Ort, der eben anders ist als die gewohnte Umgebung. Eine Bank in der Natur, ein Berggipfel, der einen Blick in die Weite ermöglicht, ein Weg an einem Bachlauf zum Beispiel. Überlegen Sie einmal für sich, wo Ihr idealer Ruheplatz sein könnte.

11

Halte aber das Paradies der inneren Wonne nicht für einen körperlichen Ort. Diesen Garten betritt man ... mit dem Herzen.

BERNHARD VON CLAIRVAUX

12 Mitten im Alltag
Momente der Stille erfahren

»Ich ging nur zu einem kurzen Spaziergang hinaus und beschloss schließlich, bis Sonnenuntergang draußen zu bleiben, denn beim Hinausgehen stellte ich fest, dass ich dabei in Wirklichkeit in mich ging.«
John Mair

Kürzlich machte ich etwas, wofür ich mir schon lange keine Zeit mehr genommen hatte: Ich setzte mich in ein Café und sah den anderen Menschen zu. Einfach so. Ganz ruhig saß ich da, ohne auf die Uhr zu schauen und mir ein Zeitlimit zu setzen. Ich beobachtete einfach: Mütter, die mit ihrem Kinderwagen zum Einkaufen gingen. Radfahrer, die sich durch den Verkehr schlängelten. Junge Mädchen, die kichernd das Display eines Smartphones betrachteten. Ältere Damen, die gemächlich unterwegs waren. Gegenüber dem Café war eine Telefonzelle. Ich hatte mich immer schon einmal gefragt, wer im Handyzeitalter so etwas noch nutzt. Nun erhielt ich die Antwort: Relativ regelmäßig kamen alte Menschen oder ausländische Mitbürger mit kleinen Zetteln, auf denen offensichtlich Telefonnummern standen. Sie alle wählten, sprachen kurz, legten dann recht zügig wieder auf und gingen ihres Weges. »Sieh mal an«, dachte ich mir, »man kann seine Botschaften auch kurz und zielgerichtet an den Gesprächspartner bringen, ohne lange Reden am Telefon zu schwingen.«
Manchmal ist es eben doch gut, wenn es keine Flatrate gibt, die es einem erlaubt, für einen festen Tarif unentwegt zu plaudern. Was man doch in solchen Momenten der Stille alles erfahren kann!

Zeit ist nur ein Bach,
    in dem ich angeln gehe.

12

13 Geräusche der Natur

Die Stille »hören«

Es bedarf keines großen Aufwands, um zu meditieren. Draußen in der Natur können wir innehalten, uns der Betrachtung hingeben und uns in die Geräusche der Umgebung versenken.

Gehen Sie öfter einmal hinaus auf eine blühende Wiese, streifen Sie Ihre Schuhe ab und legen Sie sich ins Gras. Betrachten Sie den blauen Himmel über Ihnen und die weißen Wolken, die vorbeiziehen. Unter Ihnen der weiche Boden, ringsherum die Gräser, Kräuter und Blüten, die sich leicht im Wind bewegen. Dies hat etwas Beschwingtes. Und Sie mittendrin. Wie in Kindertagen.

Beobachten Sie die Insekten, die sich auf den Blüten niederlassen und wieder fortfliegen mit leichtem Gesurre. Atmen Sie den Duft von Wiese, Wald, Blumen. Nehmen Sie alle Gerüche und Geräusche in sich auf. Spüren Sie die Sonne auf Ihrem Gesicht, lassen Sie die Wärme in Ihren Körper strömen und merken Sie, wie gut es Ihnen geht dabei. Wie wohl Sie sich fühlen.

Alles ist still um Sie herum, nur die Natur macht ihre Geräusche. Vogelgezwitscher, das Pochen des Spechts, der Ruf des Käuzchens, das Gesumme der Bienen, das Gleiten des Winds. Sonst nichts.

Hier geht es Ihnen gut. Die Erfahrungen, die Sie machen, sind ganz schlichter Art. Aber sie sind deswegen nicht von geringer Bedeutung. Im Gegenteil. Es gibt nichts, was jetzt anders sein müsste. Nichts zu tun, nichts zu sagen, nichts zu denken. Nichts zu planen und zu erfüllen. Nichts zu erledigen und abzuhaken. Hier haben Sie alles, was Sie in diesem Moment brauchen. Wirklich alles. Hier sind Sie ganz bei sich.

13

augen haben und betrachten
ist nicht dasselbe.

AURELIUS AUGUSTINUS

(14) Meinem Atem lauschen
Bewusst atmen in unruhigen Zeiten

Fast jeder besitzt neben seiner Uhr am Handgelenk noch eine zweite: die innere Uhr. Beide sind unsere Antreiber. Manchmal werden wir dadurch unruhig und hektisch. Spätestens dann ist es Zeit, auf den Atem zu achten.

Es gibt eine kleine Übung, die uns ermöglicht, profund zu atmen und damit zugleich wieder ruhig zu werden.

- *Setzen Sie sich dazu mit geradem Rücken auf einen Stuhl, schließen Sie die Augen. Atmen Sie ganz tief ein und doppelt so lange wieder aus.*
- *Folgen Sie gedanklich Ihrem Atem, der tief bis in den unteren Bauchraum gehen soll.*

Wenn Sie dies mehrere Male wiederholen, merken Sie, wie sich mit dem Atem allmählich Entspannung in Ihrem Körper breitmacht und Sie immer ruhiger werden.

- *Nun legen Sie den Zeigefinger Ihrer rechten Hand an den linken Nasenflügel und den rechten Daumen an den rechten Nasenflügel.*
- *Drücken Sie das linke Nasenloch zu und atmen Sie durch das rechte Nasenloch tief ein.*
- *Schließen Sie das rechte Nasenloch und atmen Sie links doppelt so lange wieder aus.*
- *Nun atmen Sie links ein, halten dabei das rechte Nasenloch geschlossen.*
- *Beim Ausatmen schließen Sie das linke Nasenloch und lassen den Atem rechts herausströmen.*
- *Dies machen Sie im Wechsel zehn bis fünfzehn Mal.*

Verfolgen Sie Ihren Atem gedanklich und finden Sie so wieder zu innerer Balance.

14

Der Körper ist an keiner Stelle ohne
Seele, weil sie mit ihrer eigenen Wärme
den ganzen Leib durchströmt.

HILDEGARD VON BINGEN

15 Im Rhythmus des Glockenschlags

Zeit verstreichen lassen

**Das Leben im Kloster folgt einer klaren Auftei-
lung. Das verleiht dem Tag nicht nur Struktur –
es bietet darüber hinaus immer wieder die Möglichkeit, zwischendurch für einen kurzen Moment zur Ruhe zu kommen.**

Unsere Abteiglocke ertönt jede Viertelstunde.
Bei jeder vollen Stunde schlägt sie viermal, und
danach ertönt die dunkle Glocke so viele Male, wie
es die Uhrzeit angibt. Wir haben im Kloster das
Ritual, dass wir bei jedem vollen Glockenschlag
innehalten und ein kurzes Gebet sprechen. In
manchen Werkstätten wird das auch noch sichtbar
eingehalten. Da nehmen alle Mitarbeiter die Mütze
vom Kopf und halten inne. Früher sprach man
ein festes Gebet, das Gottes Segen für die Arbeit
erbat und das zum Ausdruck brachte, dass wir
auch in unserer Arbeit Gott verherrlichen wollen.
Heute hält jeder kurz inne und wird sich in dem
Augenblick bewusst: Gottes heilende Gegenwart
umgibt mich jetzt. Ich öffne mein Herz für Gott.
Das tut mitten im Getriebe der Arbeit gut. Ich
spüre, worum es eigentlich geht. Es geht nicht
darum, möglichst viel zu arbeiten, sondern dass
Gott bei allem, was ich tue, im Mittelpunkt steht.
Dann finde auch ich wieder zu meiner Mitte. Dann
bekommt meine Arbeit ihre Mitte, ihren Sinn. Ich
darf in meiner Arbeit Gott verherrlichen und den
Menschen dienen.
Der volle Stundenschlag erinnert mich an das,
was ich immer weiß. Aber er bringt es nach innen,
ins Herz. Er hilft mir, dass ich mir Gottes innewer-
de, dass Gott meine innerste Wirklichkeit wird.
Jede Stunde des Tages.

15

Die Betrachtung ist das,
was die Seele für den Leib ist.

LOUISE DE MARILLAC

16 WO RUMORT ES IN MIR?

Den Schwachpunkten auf die Spur kommen

Jeder kennt das Gefühl, überfordert zu sein, zu kurz zu kommen oder auf der Strecke zu bleiben. Dieses Gefühl stellt sich immer dann ein, wenn vieles gleichzeitig an uns herangetragen wird.

Wenn wir jedem gerecht werden und alle Aufgaben, Anforderungen und Ansprüche gleichzeitig erfüllen wollen, überfordern wir uns. Unweigerlich hat man dann bald das Gefühl, dass einem alles über den Kopf wächst. Natürlich ist es sinnvoll und wesentlich, auf die anderen zu achten und sie zu unterstützen. Nur – man darf sich selbst dabei nicht verlieren.

Wir kennen die Ratschläge unseres Umfelds, auf sich zu achten, sich nicht zu viel zuzumuten. Aber letztlich ist jeder selbst für den achtsamen Umgang mit sich verantwortlich. Was sind das für Situationen, in denen Sie nicht »Nein« sagen können? Und Aufgaben übernehmen, die auch Ihre Mitmenschen erfüllen könnten? Sie können Ihr Wissen, Ihre Tipps und Hilfestellungen gerne weitergeben, aber nach einer Weile sollten Sie die anderen auch in die Selbstständigkeit entlassen. Manchmal erledigen Sie womöglich aus reiner Gewohnheit Dinge für andere. Und ärgern sich innerlich. Dabei gäbe es vielleicht andere, die diese Aufgaben gerne übernehmen würden.

Jeder von uns weiß, wie schwer es ist, aus der eigenen Haut zu schlüpfen. Aber es ist immer einen Versuch wert, auf andere zuzugehen und die eigenen Grenzen deutlich zu machen. Womöglich rennen Sie offene Türen ein. Denn wer sagt eigentlich, dass alles so bleiben muss, nur weil man es immer schon so gemacht hat?!

16

Hab Geduld mit allen Dingen,
aber besonders mit dir selbst.

FRANZ VON SALES

17 Gedanken, die mich umtreiben
Was belastet mich?

»Es ist sehr gut für uns, dass wir in unserer Zelle Zuflucht suchen und dass wir viel über uns selbst während unseres Lebens nachdenken, bis wir wissen, welcher Art wir sind.«
Abbas Antonius

Abbas (lat.: Vater), so werden die frühen Mönche genannt, die Menschen geistlich begleiteten. Antonius war einer der ersten Wüstenväter. Um 270 n. Chr. zog er sich in die Einsamkeit der Steppe zurück, um ein Leben in Askese und Meditation zu führen. Er soll 105 Jahre alt geworden sein. Viele Menschen pilgerten zu ihm, weil sie mit ihrem Leben nicht mehr zurechtkamen und Rat suchten. Seine Weisung, sich von Zeit zu Zeit zurückzuziehen und über sich selbst nachzudenken, gilt auch heute noch. Dies zeigt, dass die Menschen über die Jahrhunderte im Kern immer wieder von den gleichen Dingen bewegt wurden und werden. **Wenn einem etwas auf der Seele lastet,** so Abbas Antonius, muss man sich in die Wüste begeben. Wüste für die Seele – das ist nicht der Umzug in die Sahara oder auf den Sinai. Dies würde einen radikalen Schnitt im Leben bedeuten. Es heißt vielmehr, die Wüste in das eigene Leben zu bringen. Sich von Zeit zu Zeit zurückzuziehen von den Menschen, die Einsamkeit zu suchen und die eigene Seele zu betrachten. Nicht davonzulaufen, sondern zu entdecken, was einen umtreibt. **Der Begriff** »**auf der Seele lasten**« drückt das, worum es geht, sehr bildhaft aus. Die Lasten der Seele unter die Lupe zu nehmen, ist ein erster und auch wesentlicher Schritt auf dem Weg, sich endlich von ihnen zu trennen.

17

Wo die Stille mit dem Gedanken Gottes ist, da ist nicht Unruhe noch Zerfahrenheit.

FRANZ VON ASSISI

18 Inneres Entrümpeln
Still werden und loslassen

Oft bringt das Schweigen die inneren Turbulenzen zum Stehen und reinigt all die trüben Emotionen in mir. Das Trübe in mir klärt sich. Aber manchmal genügt es nicht, einfach nur still zu werden.

Die Stille reinigt. Das Wort Stille kommt von stellen, stehen bleiben. Der Wein muss stehen bleiben, damit das Trübe nach unten sinkt und der Wein klar wird. Ich muss den inneren Unrat aus mir hinauswerfen. Ein Zimmer, das voll ist von Gerümpel, muss entrümpelt werden. Gerümpel bedeutet ursprünglich: Gepolter, Lärm. Der Hausrat, der sich ohne Ordnung in mir angesammelt hat, macht Lärm. So muss ich all das aus mir hinauswerfen, was nicht in mein Lebenshaus passt. Ich muss manches, was sich in mir angesammelt hat, hinauswerfen. Ich muss aber auch manchen Hausbesetzer, der mir das Hausrecht in meinem Lebenshaus streitig macht, des Hauses verweisen. Da gibt es Ärger mit demjenigen, der in meinem Haus Lärm erzeugt. Ihn muss ich aus der Tür drängen. Und ich muss die Sorgen, die sich in allen Räumen meines Lebenshauses breitgemacht haben, loslassen.

Bei diesem Entrümpeln meiner Sorgen kann mir dieses Psalmwort helfen:

> *Psalm 55, 23*
> *Wirf deine Sorgen auf den Herrn.*
> *Er hält dich aufrecht.*

Wenn ich meine Sorgen auf Gott werfe, bekomme ich wieder Stehvermögen. Dann kann ich zu mir stehen in meinem Haus.

18

Ein geistlicher Mensch
hat in seinem Haushalt Frieden.

(19) Was beflügelt mich?

Innere Kraftquellen entdecken

Oft drängen wir nach draußen, auf der Suche nach Menschen, Beschäftigungen, Orten, um Kraft und Ruhe und Sinn zu finden. Dabei vergessen wir, dass die Quellen all dessen in uns selbst sind. Wir müssen sie in unserem Herzen suchen.

Eine schöne Geschichte erzählt von einem chinesischen Bauern, der jeden Tag in eine Schlucht zu einer Quelle hinabstieg, um Wasser zu holen. Mit den gefüllten Gefäßen kletterte er mühsam wieder hinauf und bewässerte dann sein Feld. Tag für Tag. Als er einmal darauf angesprochen wurde, warum er sich nicht modernerer Mittel bediene, schüttelte er den Kopf und sagte: »Wenn ich kein Wasser mehr trage, fehlt mir die Zeit zum Nachdenken.« **Geht es uns nicht häufig so,** dass uns die Zeit zum Nachdenken fehlt, obwohl wir so viele Mittel zur Verfügung haben, die uns das Leben erleichtern und uns dabei helfen, Zeit zu sparen? Setzen Sie sich doch einmal in Ruhe hin und gehen Sie sich – bildlich gesprochen – auf den Grund.

- *In welchen Situationen haben Sie Kraft bewiesen?*
- *Wann ist es Ihnen gelungen, eine schwierige Lage zum Guten zu wenden?*
- *Welche Stärken haben Sie dabei entwickelt?*

Machen Sie sich Notizen, und Sie werden feststellen, dass Raster deutlich werden. Es sind vermutlich oft vergleichbare Situationen, in denen Sie immer wieder Eigenschaften wie Mut, Stärke, Coolness und Durchhaltevermögen bewiesen haben. Diese Erkenntnis gibt Ihnen die Gewissheit, dass Sie sich auf Ihre inneren Kraftquellen verlassen können, wenn es darauf ankommt.

In der Wohnstätte des Herzens
ist die Weisheit der Seele zu Hause.

19

20 aber jetzt!

Geheime Wünsche wahr werden lassen

**»Ich wollte eigentlich immer schon einmal ...«
oder »Eigentlich habe ich seit Langem vor ...«** Sind
dies Sätze, die auch in Ihrem Kopf herumspuken?

Manchmal wären diese Wünsche ohne großen
Aufwand zu erfüllen, und dennoch bleiben es
Vorhaben, die nicht in die Tat umgesetzt werden.
Manchmal sind es Wünsche, deren Erfüllung sehr
schwierig oder auch langwierig ist. Und dann
wiederum gibt es Wünsche tief in uns, an die wir
kaum zu denken wagen.
Machen Sie sich doch einmal eine Wunschliste.
Schreiben Sie alles auf, auch die vermeintlich
absurden Sachen. Nun gehen Sie Ihre Liste durch
und überlegen Sie: Was können Sie relativ bald
umsetzen? Ein Treffen mit lieben Menschen?
Greifen Sie zum Telefon und verabreden Sie sich.

Einen Tagesausflug in eine Stadt in Ihrer Nähe, den
Besuch einer Therme, einer Ausstellung, eine Rad-
tour, ein Picknick im Grünen? Planen Sie, fixieren
Sie Termine. Vielleicht für jeden Monat etwas, auf
das Sie sich dann freuen können.
Auch langfristig realisierbare Wünsche können
Sie ins Auge fassen. Der Marathon, für den Sie
lange trainieren müssen. Das ferne Land, das Sie
gerne kennenlernen würden. Warum eigentlich
nicht? Machen Sie sich einen Plan, wie Sie Ihr
Wunschziel Schritt für Schritt erreichen können.
Ganz in Ruhe. Wenn die Umsetzung auch in weiter
Ferne ist, haben Sie bereits jetzt einen Gewinn:
die Vorfreude! Und denken Sie daran: Nicht alle
Wünsche können in Erfüllung gehen. Wenn es so
wäre, hätten wir keine Wünsche mehr, und das
wäre doch wirklich sehr bedauerlich.

20

Die Welt ist ein Buch,
und wer nicht reist,
liest davon nicht eine einzige Seite.

AURELIUS AUGUSTINUS

21 Was bedeutet Zeit?

Das Unfassbare fassbar machen

Die Zeit ist etwas, was uns unentwegt beschäftigt. Entweder rast sie dahin und zerrinnt uns zwischen den Fingern, oder sie scheint stillzustehen.

Kinder können sich glücklich schätzen, denn im Spiel vergessen sie die Zeit. Sie leben ganz im Hier und Jetzt und sind vollkommen konzentriert auf das, womit sie sich gerade beschäftigen.
Je älter wir werden, desto wichtiger wird das Zeitthema für uns. Wir erfinden zwar immer neue Geräte und Methoden, um Zeit zu sparen, aber wir gewinnen dennoch keine zusätzlichen Stunden für uns. Wir reisen in Hochgeschwindigkeitszügen und haben Überschallflugzeuge. Aber diese Beschleunigungen haben vielmehr zur Folge, dass wir der Zeit immer mehr hinterherhecheln. Wir stopfen die gewonnenen Stunden voll, um immer

mehr zu gewinnen. Wer »keine Zeit« hat, ist vermeintlich wichtig. Denn er hat so viele Aufgaben, ist so gefragt, dass er am liebsten alles im Zeitraffer erledigen würde. Erstaunt nimmt man die Menschen zur Kenntnis, die zugeben, Zeit zu haben. Die nicht wochenlang ausgeplant sind, sondern sich auch spontan einmal am Abend verabreden können. Diejenigen, die man häufiger auch zu Hause antreffen kann und die nicht ständig auf Achse sind. Zu welchem »Zeittyp« gehören Sie?
Natürlich kann man die Zeit nicht anhalten, aber man kann sie gewinnbringender nutzen. Indem man einfach einmal den anderen in Ruhe zuhört, sich auf sie einlässt. Indem man beispielsweise bewusst einem Musikstück lauscht. Oder einfach einmal Löcher in die Luft starrt. Dabei kann man die Zeit vergessen.

21

Wir müssen der Zeit Zeit geben.

MIGUEL DE CERVANTES-SAAVEDRA

(22) DIE ZEIT HAT MICH IM GRIFF
Die größten Zeitfresser entdecken

In seinem Roman »Die Zeit, die Zeit« beschreibt Martin Suter einen alten Witwer, der versucht, die Zeit zurückzudrehen. Alles soll genauso aussehen wie zwanzig Jahre zuvor an dem Tag, an dem seine Frau starb.

Der alte Mann unternimmt ungeheure Anstrengungen, um sein Haus, seinen Garten, seine ganze Umgebung wieder so herzurichten, wie es damals war. Als er es geschafft hat, erschießt er sich, denn er hat sein Lebensziel erreicht. Eine tragische Geschichte, die zeigt, dass es keinen Sinn macht, die Uhr zurückzudrehen.

Zeit ist ein wertvolles Geschenk, mit dem man sorgfältig umgehen muss. So kann man es nicht zuletzt mit den Erfahrungen der Vergangenheit in der Zukunft besser machen.

Wer ständig der Zeit hinterherrennt, sollte sich wenigstens eine Woche lang einmal die Mühe machen und aufschreiben, wie viel Zeit er am Tag für welche Aufgaben aufwendet. So haben Sie schwarz auf weiß, womit Sie sich beschäftigen. Schauen Sie sich Ihre Aufzeichnungen an und machen Sie sich eine Tabelle. In eine Spalte schreiben Sie die Dinge, die wichtig sind und für die Sie die angemessene Zeit aufwenden. In einer zweiten Spalte notieren Sie die Aufgaben, die Sie zwar erledigen müssen und möchten, für die Sie aber momentan zu viel Zeit aufwenden. Wo können Sie Zeit einsparen? Was können Sie delegieren? Die dritte Spalte ist reserviert für überflüssige Aktivitäten, die Sie streichen sollten. Wo können Sie beginnen? Gehen Sie Schritt für Schritt vor. Sie können nicht alles auf einmal ändern, aber eines nach dem anderen.

22

WIR HABEN GENUG ZEIT,
wenn wir sie nur richtig verwenden.

JOHANN WOLFGANG VON GOETHE

23 nein sagen lernen

Nicht immer einfach, aber notwendig

Noch niemand hat es geschafft, »Everybody's darling« zu sein. Wer es jedem Menschen recht machen und immer für alle zur Verfügung stehen will, ist zum Scheitern verurteilt.

Er wird sich selbst zerreißen und damit weder sich noch anderen hilfreich sein. Aber es gibt Menschen, die einfach nicht »Nein« sagen können. Es sind meist Helfernaturen, die den Mitmenschen Gutes tun wollen. Sie fühlen sich in ihrer Haut oft unwohl, weil sie zwar jeden unterstützen möchten, aber feststellen, dass sie diesem Anspruch nicht genügen können. Die gute Absicht mündet vielfach in Frust. Und diese Menschen laufen Gefahr, ausgenutzt zu werden.

Wie aber kann man aus dieser Spirale ausbrechen? Zunächst ist auch hier der erste Schritt, sich in die »innere Wüste« zurückzuziehen. Einkehr bei sich zu halten und zu überlegen, an welcher Stelle der persönliche Einsatz am wichtigsten ist. Zu durchdenken, wer wirklich Unterstützung braucht und wer seinen eigenen Weg gehen kann. Setzen Sie Schwerpunkte und achten Sie darauf, andere Menschen rechtzeitig in die Unabhängigkeit zu entlassen. Und machen Sie Ihre Grenzen deutlich. Auch wenn es nicht einfach ist – die anderen werden lernen, dies zu akzeptieren.

Worte des Trappistenmönchs Thomas Merton
In gewissem Sinne können wir allen Menschen Freund sein, weil es keinen Menschen auf der Welt gibt, mit dem wir nicht irgendetwas gemeinsam haben. Aber es wäre falsch, zu viele Menschen als vertraute Freunde zu behandeln.

23

GLÜCKLICH DER MENSCH,
    DER SEINE GRENZEN KENNT.

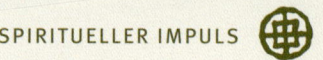

(24) Den eigenen Rhythmus finden
Auf seine Seele hören

Jeder Mensch hat in sich einen Rhythmus. Wir sprechen vom Biorhythmus. Wenn ich nach meinem inneren Rhythmus lebe, dann werde ich nicht erschöpft. Dann gehe ich behutsam mit mir um.

Ich weiß, wann es Zeit ist, Hand anzulegen und zu arbeiten. Und ich weiß, wann es Zeit ist zum Ausruhen. Wer im Rhythmus arbeitet, der kann effektiver und nachhaltiger arbeiten – wusste schon C. G. Jung. Ich lasse mich nicht von den äußeren Aufgaben bestimmen. Ich höre gut in mich hinein und frage mich: Was ist jetzt dran? Wenn ich spüre, dass in mir der Impuls ist, einen Artikel zu schreiben, dann fließt es einfach. Aber ich weiß auch, was meine kreativen Stunden sind: In den ersten Stunden des Tages ist der Geist noch frisch.

Da kann er schwierige Aufgaben gut erledigen. So horche ich immer auf meine Seele. Sie sagt mir, was in diesem Moment am sinnvollsten für mich ist. Dann werde ich nie kraftlos. Ich lebe im Rhythmus meiner Seele. Das hält mich lebendig und frisch, so wie die Natur immer wieder neu im Rhythmus aufblüht und loslässt.

Der biblische Lehrer Kohelet, der die Weisheit Israels mit der griechischen Weisheit verbindet, hat die schönen Worte geformt:

> *Altes Testament, Buch Kohelet 3,1f.*
> *Alles hat seine Stunde. Für jedes Geschehen unter dem Himmel gibt es eine bestimmte Zeit: eine Zeit zum Gebären und eine Zeit zum Sterben, eine Zeit zum Pflanzen und eine Zeit zum Abernten der Pflanzen ...*

24

Kein Ding ist Gott so sehr
entgegengesetzt wie die Zeit.

MEISTER ECKEHART

25 Die Entdeckung der Langsamkeit

Das süße Nichtstun ohne schlechtes Gewissen genießen

Nichtstun hat ein schlechtes Image. Dabei gehört es genauso zum Leben wie die Arbeit. Das war in früheren Zeiten anders und ist es bis heute in manchen fernen Kulturen.

Viele Menschen denken, das Nichtstun passe nur zum Urlaub. Dann ist der Müßiggang gesellschaftlich sanktioniert. In den Ferien spannen wir aus, ansonsten stehen wir unter Spannung. Da diese Wochen oft als »die schönste Zeit des Jahres« bezeichnet werden, sollte die Frage erlaubt sein, warum man sich nicht auch die restlichen Monate hin und wieder durch Nichtstun versüßt. Einfach einmal in den Tag hinein zu leben, wird oft gleichgesetzt mit »sich auf die faule Haut legen«. Wenn uns jemand dabei beobachtet, wie wir uns auf der Gartenliege ausstrecken und dabei in den Himmel schauen, fühlen wir uns ertappt und zur Rechtfertigung genötigt.

Dabei kann Nichtstun ungeheuer produktiv sein. Es dient nicht nur dazu, unsere Kräfte wiederherzustellen, sondern führt oft zu den besten Ideen. »Rekreation« nennt man die Zeit der Entspannung in den Klöstern. Dann kommt die Kreativität zum Blühen. Spontane Einfälle sind möglich, die unter Druck nie entstanden wären.

Am Anfang fällt das Nichtstun schwer, weil natürlich auch Gedanken hochkommen, die man lieber verdrängen würde. Aber irgendwann hört das bewusste Denken auf, und die Gedanken sind dann frei von aller Last. Verabreden Sie sich doch immer wieder einmal mit sich selbst zum Nichtstun. Gönnen Sie sich diese Zeit, egal, was die anderen darüber denken.

25

Was dich am meisten zur Höhe
trägt, ist die Geduld mit dir selbst.

FRANZ VON SALES

26 Davon geht die Welt nicht unter

Sich von schlechten Nachrichten nicht in den Griff kriegen lassen

Eine Welt ohne Krieg, Auseinandersetzungen, Naturkatastrophen und ein Leben ohne Ängste und Probleme – danach sehnt sich im Grunde wohl jeder Mensch.

Leider ist die Realität anders: Den Himmel kann man auf Erden nicht finden. Auch wenn manche Wunderheiler, Gurus und Ideologien das Gegenteil behaupten. In unserer Welt gibt es kein Paradies. Aber das ist auch gut so. Denn an Schwierigkeiten kann man wachsen und reifen. Wenn man sich nicht von ihnen unterkriegen lässt.

Stellen Sie sich eine Welt vor, in der Ihnen die gebratenen Tauben in den Mund fliegen, Sie alle Wünsche postwendend erfüllt bekommen und sich nie einer Auseinandersetzung stellen müssen. Das berühmte Gemälde des holländischen Meisters Pieter Bruegel d. Ä. von 1566 mit dem Titel »Das Schlaraffenland« in der Alten Pinakothek München zeigt sehr deutlich, was dann mit uns passieren würde: Übersättigt und unfähig, uns zu bewegen, lägen wir am Boden.

Schwierigkeiten und schlechte Nachrichten sind Teil unseres Daseins, egal wo und wie wir leben. Wichtig ist es, sich nicht davon überwältigen und die Probleme nicht zum Mittelpunkt des eigenen Denkens und Handelns werden zu lassen. Die berühmte Nacht, die man darüber schlafen sollte, das Gespräch mit einer vertrauten Person sind hilfreiche Mittel. Räumliche und geistige Distanz schaffen Abstand, sodass die Probleme ihre übermächtige Dimension verlieren. Unsere Welt ist wunderschön, auch wenn sie kein Paradies ist. Das sollten Sie sich stets vor Augen halten.

26

Du darfst nie deinen inneren Frieden
verlieren, auch nicht, wenn die ganze
Welt aus den Fugen zu geraten scheint.

FRANZ VON SALES

27 Das rechte Mass im Leben finden
Gelassenheit lässt sich lernen

Gelassenheit ist eine Lebenshaltung, ein Resultat aus innerer Ausgeglichenheit und Ruhe. Gelassenheit ist eine Tugend, die nicht angeboren und auch nicht von heute auf morgen zu erwerben, aber durchaus zu erlernen ist.

Sie trägt wesentlich zu einem gelingenden Leben bei, indem sie hilft, Herausforderungen zu meistern und nicht bei jedem Problem aus der Bahn geworfen zu werden.

Gelassene Menschen sind für ihre Umgebung eine Wohltat. Sie halten sich mit vorschnellen Äußerungen und Handlungen zurück, gehen erst einmal in sich, bevor sie aktiv werden. Der Ordensvater Benedikt erhob Anfang des 6. Jahrhunderts das »rechte Maß« zum Leitmotiv für seine Mitbrüder. Das bedeutet, das Zuviel, aber auch das Zuwenig zu vermeiden. Dies ist heute nach wie vor aktuell und betrifft viele Aspekte unseres Lebens: die Ausgewogenheit zwischen Arbeit und Kontemplation, die Balance zwischen Ruhe und Bewegung, zwischen Essen und Fasten, die Ausgewogenheit zwischen den Stunden, die man mit anderen Menschen verbringt, und denjenigen, in denen man nur bei sich ist.

Wenn Sie das Gefühl haben, es wäre sinnvoll, bei sich etwas ins rechte Lot zu bringen, ist es auch in diesem Fall hilfreich, sich in Ruhe einige Notizen zu machen. Gibt es in irgendeinem Bereich ein Ungleichgewicht? Schreiben Sie auf, wie viel Zeit Sie für die aktiven und die kontemplativen Phasen aufwenden. Denken Sie in Ruhe darüber nach, wie Sie das »rechte Maß« auch in Ihrem Leben verwirklichen können.

27

Gelassenheit bewahrt vor grossen Fehlern.

ALTES TESTAMENT, BUCH KOHELET 10,4

(28) GESCHENKTE STUNDEN
Mit Lektüre, Film und Musik in andere Welten abtauchen

Um zur Ruhe zu kommen, neue Kraft zu schöpfen und innovative Ideen zu entwickeln, braucht man immer wieder auch Stunden, in denen der Alltag in den Hintergrund geschoben wird.

Der Alltag bestimmt, was »alle Tage« zu tun ist. Die Auszeiten im Alltag entführen uns in andere Welten. In die Welt der Fantasie, die Welt der Klänge und der Musik, die Welt schöner Bilder und spannender Bücher.

Dafür müssen wir uns nicht unbedingt körperlich aus unserem heimischen Umfeld wegbewegen. Eine gemütliche Leseecke, eine gute Stereoanlage oder ein DVD-Player reichen aus, um uns eine Reise in die Welt der Fantasie zu ermöglichen. Wie ein Kind kann man dann abtauchen und für eine Zeitspanne nicht mehr ansprechbar sein, weil unsere Fantasiewelt so außergewöhnlich und spannend ist.

Viel zu selten beschenken wir uns mit solchen Momenten. Stellen Sie sich einmal vor, jemand würde Ihnen eine Stunde schenken.

Was würden Sie am liebsten machen?
- *Sich einen Reisebildband schnappen und die Fotos anschauen?*
- *Einen fesselnden Krimi lesen?*
- *Einen Filmklassiker anschauen?*
- *Einer geführten Fantasiereise auf CD folgen?*
- *Klassische Musik hören?*
- *Im Garten arbeiten?*
- *Im Wald spazieren gehen, walken oder joggen?*

Machen Sie sich eine kleine Liste. Die Vergnügungen sind kostenlos!

28

Schön, o schön sind sie!
die stillen Freuden, die der Toren
wilder Lärm nicht kennt.

FRIEDRICH HÖLDERLIN

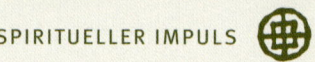

29 Die heilsame Wirkung von Ritualen

Heilige Augenblicke möglich machen

Rituale schaffen eine heilige Zeit. Heilig ist das, was der Welt entzogen ist, worüber die Welt keine Macht hat. Die heilige Zeit ist heilsam für mich.

Wenn ich den Morgen mit einem Ritual beginne – beispielsweise einem kleinen Segensritual, in dem ich meine Familie und mein Haus segne und den Segen zu den Menschen strömen lasse, denen ich an diesem Tag begegne –, dann gehört diese Zeit mir, und sei sie noch so kurz. Ich bin für mich alleine und ganz bei mir selbst und bei den Menschen, an die ich in diesen Momenten denke. Niemand kann mich in dieser Zeit stören.

Für die Griechen in der Antike vermochte nur das Heilige zu heilen. Das griechische Wort für »heilig« ist »hagios«. Davon kommt der Hag, der abgegrenzte und geschützte Bezirk, zu dem fremde Gedanken und negative Emotionen keinen Zutritt haben. Im Hag fühle ich mich behaglich. Da bin ich geschützt, geborgen, getragen, von Gottes heilsamer und liebender Gegenwart umgeben. Wenn ich täglich am Morgen und am Abend ein kleines Ritual mache, in dem ich mich in Gottes Barmherzigkeit hineinstelle, dann habe ich das Gefühl: Ich lebe selber, anstatt gelebt zu werden. Das Ritual tut mir gut. Es bringt mich in Berührung mit mir selbst. Die anderen, die sonst ständig etwas von mir wollen, haben jetzt zu diesem heiligen Augenblick des Rituals keinen Zutritt.

Rituale bedeuten Beständigkeit und geben meinem Leben einen festen Stand. Das können auch Rituale in und mit der Familie sein, etwa anlässlich von Festen wie Weihnachten oder Ostern. Darauf kann man sich freuen.

29

Eremitenzellen gibt's nicht
bloss in Waldeinsamkeit. Allerorts
können wir uns eine Zelle bauen.

Garcia de Cisneros

(30) Die Meditation

Ein Weg zu mehr Gelassenheit

Die Meditation ist eine spirituelle Übung, die man auch in den Klöstern regelmäßig praktiziert. Viele Ordensleute beginnen den Morgen mit einer Meditation, andere beschließen den Abend damit.

Das Wort »Meditation« ist abgeleitet von dem lateinischen Begriff »meditatio«. Dies bedeutet »Ausrichtung zur Mitte«. Damit wird deutlich, um was es bei dieser Übung geht: seine Mitte zu finden, sich in die eigene Mitte zu begeben und möglicherweise etwas geradezurücken, was nicht mehr ganz im Lot ist.

Die Meditation ist ein Weg in die innere Stille. Dieser Weg kann sehr direkt, manchmal auch gewunden sein oder Umwege beinhalten. Mit jeder neuen Meditation beschreitet man einen anderen Weg, er ist niemals gleich, selbst für in Meditation sehr geübte Menschen. Sehr schnell merkt man, wie die innere Befindlichkeit ist und wie leicht es an einem Tag fällt, vollkommen abzuschalten, und an einem anderen eben nicht.

Deshalb seien Sie geduldig mit sich. Die Meditation birgt große Schätze, daher lohnt es, sich darin zu üben. Alles, was Sie dafür benötigen, ist ein ruhiger Ort, ein warmer Platz am Boden, auf den Sie sich im Lotossitz niederlassen können, eine aufrechte, aber entspannte Haltung und – Zeit. Eventuell mögen Sie eine Duftlampe und Entspannungsmusik. Begeben Sie sich auf eine innere Reise. Stellen Sie sich einen Ort vor, an dem Sie sich sehr wohlfühlen. Umgeben Sie sich gedanklich mit Menschen, die Ihnen gut sind. Oder vertiefen Sie sich in einen Text, der Sie berührt. Die Wege sind vielfältig und immer bereichernd.

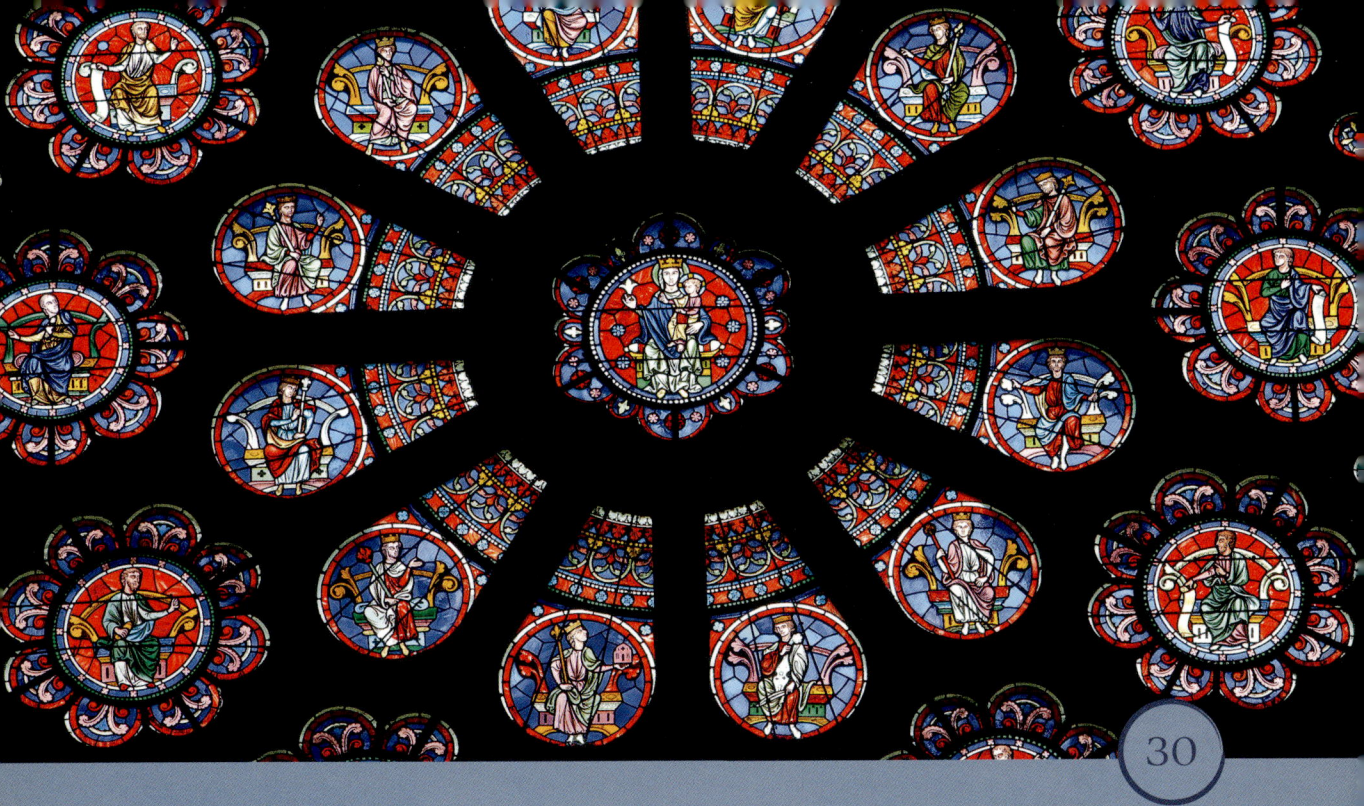

SUCHE DIE WAHRHEIT
IN DER MEDITATION
UND NICHT IN VERGILBTEN BÜCHERN.

30

(31) ANDERSORTE FINDEN
Wo das Denken eine andere Richtung nehmen kann

»Andersorte« sind Plätze, an denen es anders ist als im gewohnten Ambiente. Sie ermöglichen in ihrem Anderssein neue Blickwinkel und verhelfen so zu neuen Stand-Punkten.

Durch eine veränderte Perspektive kann man Dinge anders betrachten und bewerten. An den »Andersorten« kann man auch anders sein als im Alltag. Freier, ungezwungener, ohne Verpflichtungen, ohne Druck. »Andersorte« müssen nicht weit weg vom Zuhause sein. Auch an der nächsten Ecke sieht die Welt bereits anders aus als vor der eigenen Haustüre. Jeder von uns sollte sich immer wieder an einen Andersort begeben. So entsteht kein Scheuklappenblick und der Horizont erweitert sich. Wichtig ist, dass ich mich an diesen Orten wohlfühle und durchatmen kann.

Was mir »Andersorte« bieten
- *neue Erlebnisse*
- *andere Anforderungen*
- *neue Begegnungen*
- *andere Perspektiven*
- *neue Welten*
- *andere Aussichten und revidierte Ansichten*
- *neue Einsichten*
- *andere Formen der Betrachtung*
- *neue Wahrnehmungen*
- *ungewohnte Erfahrungen*
- *Begegnungen mit Abenteuern*
- *alles in allem: neue Impulse für Körper, Geist, Seele*

Wenn Sie mit Andersorten Erfahrungen sammeln, können Sie immer mehr Gelassenheit in Ihren Alltag mitnehmen.

31

Was ist Reisen? Ein Ortswechsel?
Keineswegs! Beim Reisen wechselt man
seine Meinungen und Vorurteile.

ANATOLE FRANCE

32 GIPFELERLEBNISSE
Die Welt von oben betrachten

Stellen Sie sich einmal vor, Sie seien ein Vogel. Sie breiten Ihre Flügel aus, wann immer Sie möchten, und erheben sich in die Lüfte. Sie nähern sich der Sonne und lassen sich von ihr wärmen, bevor Sie sich auf einem Gipfel niederlassen.

Von dort oben sieht die Welt ganz anders aus. Aus dieser Perspektive wirkt Ihr Lebensmittelpunkt auf einmal ganz klein. Er ist nur ein winziger Teil der Welt und nicht ihr Zentrum, wie Sie manchmal vielleicht glauben.

Von Ihrem Gipfel können Sie auch die Menschen aus der Ferne beobachten. Kleine Punkte sind es. Sehr rasch sind manche von ihnen unterwegs, fast gehetzt wirken sie. Andere gehen zielgerichtet, aber gemächlich, und eine dritte Gruppe schlendert, als ob sie nicht wüsste, wohin des Wegs.

Winzig wirken sie alle von oben, egal wie wichtig sie sich unten nehmen.

Denken Sie oben auf Ihrem einsamen Berggipfel auch einmal an die Dinge, die Sie so bewegen und Ihnen manchmal wie ein Stein auf der Seele lasten. Aus dieser Entfernung sind sie nur noch kleine Mosaiksteine, völlig unbedeutend eigentlich. Sie müssen sie nur an die richtige Stelle setzen, damit sich das Mosaik Ihres Lebens vervollständigt.

Rings um Sie ist Stille. Hier können Sie sein, wie Sie möchten. Vogelfrei. Sie können zwitschern, singen, jauchzen. Ganz egal, ob Sie den richtigen Ton treffen, Sie sind jetzt bei sich selbst.

Leicht und beschwingt kehren Sie nach einer Weile zu Ihrem Platz auf der Erde zurück. Aus Ihrer Vogelperspektive haben Sie gelernt, dass es mehr gibt als Ihre kleine Welt.

32

Geh in die Wälder und Fluren und
lerne von der Natur. Dort findest
du Antworten auf viele Fragen.

Bernhard von Clairvaux

(33) Träumen

Sich die Sterne vom Himmel holen

Sich in die Betrachtung des nächtlichen Sternenhimmels zu vertiefen, ist eine wunderbare Übung. Nehmen Sie sich in einer sternenklaren Nacht einmal die Zeit dazu.

Wenn es eine Sommernacht ist, legen Sie sich auf eine Bank. In Winternächten können Sie, dick eingepackt, einen kleinen Spaziergang unternehmen oder sich nur auf den Balkon stellen. Legen Sie den Kopf zurück und blicken Sie hoch zum Himmel. Nach und nach können Sie sich jeden Stern, jedes Sternbild anschauen. Manchmal ist der Himmel übersät von Sternen, in anderen Nächten wiederum sieht man davon weniger.

Es ist faszinierend, wie einzelne Sterne leuchten, sogar zu blinken scheinen. Sie sind heller als ihre Konkurrenten. Schauen Sie sich alle an – ihre Ausstrahlung und die kraftvolle Wirkung, die sie auf Sie haben.

Stellen Sie sich vor, einen dieser Sterne vom Himmel zu holen und in Ihren Händen zu halten. Sein Glanz würde auch auf Sie abstrahlen und Sie zum Leuchten bringen. Sie könnten auch anderen Menschen Licht weitergeben und Ihr Glück teilen.

Sicher haben Sie aus Kinderzeiten noch das Bild von den Sterntalern im Kopf, die ein kleines Mädchen mit seinem Kleid auffängt. Heben Sie Ihre Hände und spüren Sie, wie die Sterne auf Sie herabregnen. Jeder Stern ist gleichbedeutend mit einem Geschenk, das Sie im Laufe Ihres Lebens erhalten und vielleicht gar nicht so beachtet haben. Dafür können Sie dankbar sein. Wenn Sie Glück haben, fällt eine Sternschnuppe vom Himmel. Dann dürfen Sie sich etwas wünschen.

33

In uns selbst liegen die Sterne
unseres Glücks.

HEINRICH HEINE

(34) Hören, fühlen, schmecken, riechen
Die Schätze der Natur

Die Natur birgt unendlich viele Kostbarkeiten. Manchmal müssen wir sie erst für uns entdecken. Dazu braucht es nicht mehr als ab und zu einige Stunden im Grünen.

Der heilige Antonius sagte einmal auf die Frage, wie er es schaffe, ein asketisches Leben zu führen, in dem ihm nicht einmal Bücher zur Verfügung stünden: »Mein Buch ... ist die Natur der geschaffenen Dinge, und dieses Buch liegt immer vor mir, wenn ich mich in Gottes Wort vertiefen möchte.« **Auch uns heutigen Menschen** steht die Natur zur Verfügung, jederzeit und kostenlos. Sie hat Grünkraft – »veriditas«, wie es Hildegard von Bingen nannte. Ihre Kraft überträgt sich auf uns. Je weniger die Natur kultiviert ist, desto intensiver. Diese Kraft sollten Sie sich zunutze machen.

Schauen Sie sich doch öfter einmal das faszinierende Schauspiel der Natur an:

Gartenglück
- *Gehen Sie in Ihren Garten, in den nächsten Park, an ein nahe gelegenes Gewässer. Setzen Sie sich eine Weile hin. Schauen Sie, hören Sie, riechen Sie.*
- *Schmecken Sie die Früchte Ihres Gartens oder die essbaren Pflanzen in der freien Natur.*
- *Nehmen Sie wahr, wie auf einer Sommerwiese Blüten, Gräser und Kräuter wachsen, ohne sich zu verdrängen. Jedes Gewächs hat seine Stelle und seine Funktion.*
- *Beobachten Sie das Spiel der Farben.*

Spüren Sie an Ihrem stillen Platz, wie die Harmonie sich auch auf Sie überträgt.

34

Dem Menschen ist es natürlich,
durch das Sinnliche zur
Erkenntnis zu gelangen.

THOMAS VON AQUIN

35 auf dem Grund der Seele

Um mich herum ist Hektik, aber in mir ist Stille

Wenn ich auf der Buchmesse bin, dann ist um mich herum ein ständiges Gerangel. Wenn ich von einem Buchstand zum andern gehe, muss ich mich durch die Menschenmenge hindurcharbeiten.

Dieses Hindurcharbeiten ist manchmal recht mühsam, da in den Gängen hin und wieder kein Weiterkommen ist. Ich spüre, dass mir diese vielen Menschen um mich herum Kraft rauben. Ich tue gar nichts. Aber allein das Mich-Durchwühlen durch die Menschenmassen macht mich müde. Da hilft es mir, wenn ich mir immer wieder bewusst werde: In mir ist ein Raum der Stille. Zu diesem inneren Raum haben die vielen Menschen keinen Zutritt. Wenn ich auf der Rolltreppe stehe, dann besinne ich mich in der kurzen Zeitspanne auf diesen inneren Raum. Und dieses Wissen um den inneren Ort der Stille auf dem Grund meiner Seele hilft mir dann, auch mitten in der Hektik der vielen Besucher die innere Ruhe zu bewahren. Ich kann mir dann mitten im Gewühl vorstellen: Ich gehe jetzt durch die vielen Menschen, aber sie alle haben keinen Zutritt zu meiner inneren Stille. Dort im Raum der Stille bin ich ganz ich selbst, ganz ruhig. Da will niemand etwas von mir. Da dringen keine Anfragen hinein, keine Bewertungen der Menschen, die auf mich schauen. Da bin ich ganz still, ganz im Einklang mit mir selbst. Der äußere Trubel prallt an mir ab.

Orte mit Trubel und Lärm, die Kraft rauben, gibt es für jeden von uns an verschiedenen Stellen. Wenn man die Praxis einübt, sich auf seine innere Ruhequelle zu besinnen, können sie einem wirklich nichts anhaben.

35

Nicht das Vielwissen sättigt die Seele und gibt ihr Befriedigung, sondern das innere Schauen und Verkosten der Dinge.

IGNATIUS VON LOYOLA

36 Die Tage angehen mit offenem Herzen

Das Bild der offenen Hände

Um dem Leben unvoreingenommen zu begegnen und es in seiner Fülle annehmen zu können, müssen wir unbehelligt von Lasten und Belastungen sein. Mit einer Meditation können wir beginnen, uns davon zu befreien.

Im Laufe der Jahre sammelt sich vieles bei uns an. Vielleicht haben wir wie ein Jäger und Sammler alles aufgegriffen, was uns unterwegs begegnete. Wir haben es gehortet, weil wir dachten, wir könnten es brauchen. Wenn nicht jetzt, dann vielleicht später irgendwann. Hauptsache, man besitzt es erst einmal. So haben wir ein großes Lager an Gegenständen, die das Leben angenehm machen, aber auch gepflegt werden müssen und uns gelegentlich im Wege stehen. Auch Immaterielles, wie Gedanken, Überzeugungen, Meinungen, Vorurteile, Vorbehalte. Sie sind im Laufe des Lebens gewachsen, manchmal auch zu Ballast geworden. Dann haben wir noch Beziehungen. Sehr intensive und bereichernde. Andere, die uns vielleicht nicht so viel geben. Und wieder andere, die uns Kraft kosten. In diese Beziehungen haben wir viel investiert: Zeit, Gefühle und oft auch Auseinandersetzungen. **Alles haben wir gesammelt.** Vieles erleichtert unser Leben, anderes belastet uns. Aber wir haben die Tendenz, alles behalten zu wollen, auch wenn wir uns noch so damit abschleppen.

Stellen Sie sich vor, Sie öffnen Ihre Hände, mit denen Sie über Jahre alles krampfhaft festgehalten haben. Sie lassen einfach alles fallen, und Ihre Hände sind auf einmal leer. Mit offenen Händen können Sie den Tag angehen und den anderen mit weitem Herzen begegnen.

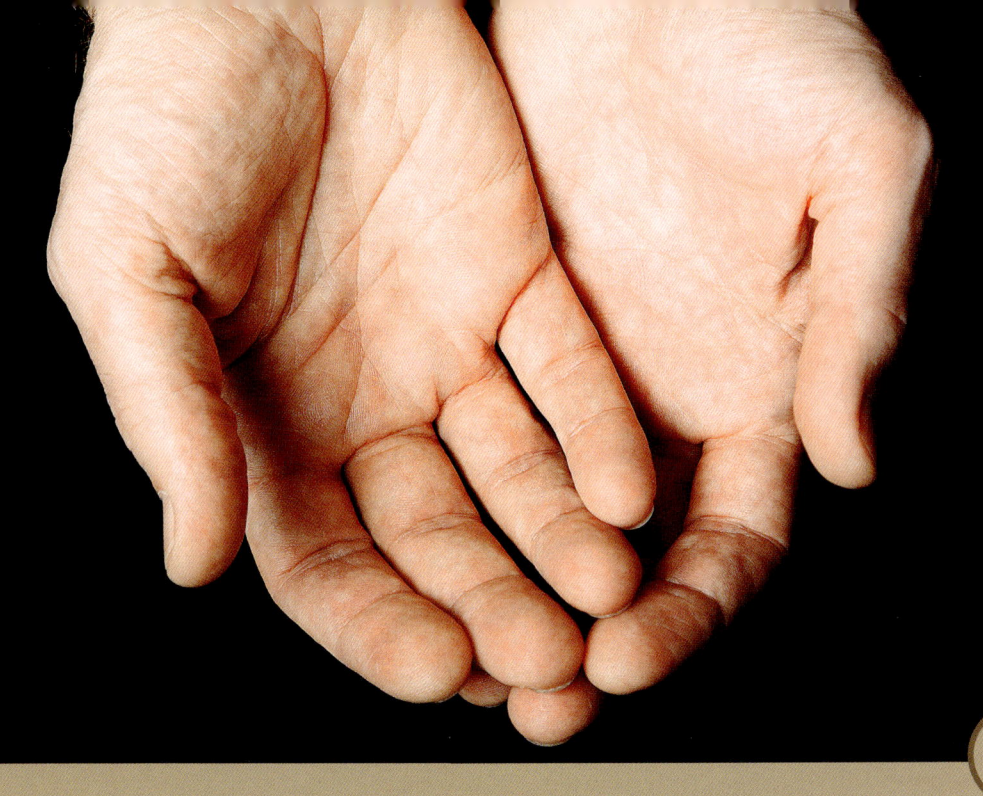

36

Das Glück ist wie ein Vogel in deiner Hand. Wenn du die Hand geöffnet lässt, bleibt es, solange es will.

VOLKSMUND

37 Körperliche Herausforderung
Sich selbst spüren

Bewegung ist nicht das Gegenteil von »Stillsein«, sondern sie ist ein Weg in die Stille. Sie ist sogar lebensnotwendig, damit Körper, Geist und Seele nicht erstarren.

Dabei meinen wir nicht die Bewegung in einem geschlossenen Raum, auf einem Hometrainer vor dem Fernseher – auch wenn dies im Einzelfall immerhin besser ist, als sich gar nicht körperlich zu fordern. Wir meinen vielmehr die Bewegung draußen, in der Natur. Beispielsweise Spazierengehen, Bergsteigen, Wandern, Radfahren, Schwimmen, Nordic Walking.

Welche Bewegungsart man sich für draußen auch aussucht, sie stimuliert nicht nur den Kreislauf, sondern klärt auch die Gedanken. Man kann so bei sich sein und im Training des Körpers Ruhe und Ausgeglichenheit finden. Dafür gibt es einige leicht nachzuvollziehende Übungen:

Wenn Sie in der Natur unterwegs sind, gestalten Sie das Gehen oder Wandern durch die bewusste Koordination von Atemrhythmus und Schrittanzahl als meditative Übung. Setzen Sie sich langsam in Bewegung und atmen Sie ein, wenn Sie den rechten Fuß vorsetzen, und wieder aus, wenn der linke Fuß nach vorn geht. Atmen und gehen Sie zunächst ganz bedächtig, dann können Sie allmählich beschleunigen. Aber überfordern Sie sich nicht, sondern behalten Sie einen Rhythmus bei, in dem Sie entspannt gehen oder laufen können und dabei nicht außer Atem geraten.

In Ihrem optimalen Rhythmus müssen Sie sich nicht mehr auf Ihre Schritte konzentrieren, sondern können Ihrer Seele begegnen.

37

Die Seele muss arbeiten wie
die Natur, langsam,
schrittweise, lückenlos.

GARCIA DE CISNEROS

38 auf dem Weg sein

Die Reise des Lebens

In den Religionen wird die Reise oft als Metapher für das Leben verwendet. Dies ist ein wunderbares Bild, denn Leben bedeutet, unterwegs zu sein, in jedem Lebensalter.

Niemand wird als vollkommener Mensch geboren. Leben bedeutet Entwicklung. Und selbst wenn jemand sein ganzes Leben am selben Ort verbringt, ist es deshalb nicht statisch. Es entfaltet sich, hat Höhen und Tiefen, bewegt sich auf unbekanntem Terrain und erfährt Neues auf gewohnten Pfaden, immer wieder.

Die frühen Christen nannten sich »Leute des Weges«, weil sie sich als Menschen begriffen, für die das Lebensziel Unterwegssein bedeutete. Das Leben als Wanderschaft, als Pilgerreise. Dabei ist nicht unbedingt das Woher und Wohin von Bedeutung, sondern vielmehr die Tatsache, in Bewegung zu sein. Nicht zu erstarren, nicht an einem Punkt zu verharren und nicht den Blick nach vorn zu verlieren. Stillstand wirft uns nur zurück und erzwingt Druck von außen.

Das Leben hat viele Phasen. Meist dann, wenn wir glauben, »unseren Weg« gefunden zu haben, macht er eine unerwartete Biegung oder führt uns zu Orten, die wir nie zu erreichen glaubten, von denen wir noch nicht einmal etwas ahnten. Solange uns dies passiert, wissen wir, dass wir uns »mitten im Leben« bewegen. Denn das Unterwegssein gehört zu unserem Lebensalltag und ist unsere Kraftquelle. Der Lebensweg hält uns fit, baut uns auf, bietet uns immer neue Perspektiven und hält viele Überraschungen bereit. Wie langweilig wäre es, wenn wir nur auf der Stelle träten!

38

Und Abraham zog weg,
ohne zu wissen,
wohin er kommen würde.

NEUES TESTAMENT, BRIEF AN DIE HEBRÄER 11,8

39 Lebenselixier Wasser
Mein Energiespender

Wasser ist für unser Leben ein bedeutsames Element. Es ist wesentlich für die körperliche und spirituelle Reinigung und ein bewährtes Heilmittel für psychische und körperliche Beschwerden.

Schon in den Klöstern des frühen Mittelalters wusste man um diese Bedeutung. Man baute in der Nähe von Gewässern, um sich von den Fischen zu ernähren und den täglichen Wasserbedarf decken zu können. Die Zisterzienser legten Fischteiche an, die zum Teil heute noch genutzt werden. Aber das Wasser war nicht nur Nahrungsspender, sondern auch eine spirituelle Kraftquelle. Für die heilige Hildegard von Bingen war das Wasser ein Grundelement menschlichen Lebens.

Bis zum heutigen Tag findet man in Kreuzgängen oder Fluren vieler Klöster kleine Brunnen oder Quellen und Teiche oder Wasserläufe in den Klostergärten. Das Wasser ist ein Symbol für die Quelle, aus der sich unser Leben speist. Wenn sie versiegt, trocknet alles aus.

Wasser symbolisiert auch den Verlauf des Lebens. Wie wir selbst ist es in ständigem Fluss, vielleicht manchmal als dünnes Rinnsal, aber oft auch als starker Strom.

Wasser belebt, erfrischt, ernährt, stärkt. Auf der körperlichen Ebene – schließlich besteht der menschliche Körper zu rund 70 Prozent aus Wasser – genauso wie auf der seelischen Ebene. Auch zu Hause können wir die Kraft des Wassers spürbar machen, zum Beispiel durch einen Zimmerbrunnen oder einen kleinen Gartenteich. Das Geräusch des Wassers und der schöne Anblick haben eine sehr beruhigende Wirkung.

39

Wasser ist der Ursprung
von allem.

THALES VON MILET

(40) Freiheit spüren und sich gönnen

Den eigenen Weg gehen

Innerlich sind wir frei. Nur wissen wir das vielleicht gar nicht. Wenn wir es uns bewusst machen, im Kleinen zuerst, dann erschließen sich uns weite Räume.

Der Raum der Stille, der auf dem Grund unserer Seele ist, ist zugleich der Ort, von dem Jesus im Lukasevangelium (17, 21) sagt: »Das Reich Gottes ist in euch.«

Dort, wo das Reich Gottes in uns ist, dort, wo Gott in uns herrscht, sind wir frei von der Herrschaft der Menschen. Da haben die Menschen keine Macht über uns, ganz gleich, was sie von uns denken und über uns reden. Wir sind nicht abhängig von ihrer Anerkennung oder Ablehnung, Bestätigung oder Kritik. Wir lassen sie sein mit ihren Ansprüchen, Erwartungen und Meinungen.

Genießen wir diese innere Freiheit. Gott ist für uns der Garant unserer Freiheit. Wenn wir uns als Sohn oder Tochter Gottes fühlen, dann sagt Jesus zu uns, wie er es damals dem Petrus zugesprochen hat: »Also sind die Söhne frei.« (Matthäus 17, 26) Die Maßstäbe der Welt gelten für uns nicht mehr, weder der Maßstab von Erfolg und Misserfolg noch derjenige von Reichtum und Armut. Wo Gott in uns herrscht, werden wir wahrhaft frei. Da können wir aufatmen.

Machen wir uns das öfter bewusst. Allein das Wissen um diese innere Freiheit lässt uns aufatmen. Unser Brustkorb weitet sich. Vielleicht wird uns warm ums Herz. Wir genießen die Freiheit im Atmen, im Denken, im Gehen und im Ruhen. Wir sind freier Sohn und freie Tochter Gottes und gehen in Freiheit unseren Weg.

40

Wenn du darauf achtest, wie du bei dir im Innern bist, so wirst du nicht mehr sorgen, was die Leute über dich reden.

THOMAS VON KEMPEN

41 Mit einem Partner die Stille teilen

Verbundenheit im Schweigen

Mit einem anderen Menschen schweigen zu können, ist Ausdruck von Vertrautheit und stärkt zugleich das Band mit ihm. Es ist etwas ganz Besonderes.

Mutter Teresa fasste das, was Stille ist und was sie bewirkt, einmal in folgende Worte:

> *Die Frucht der Stille ist Gebet.*
> *Die Frucht des Gebets ist Glaube.*
> *Die Frucht des Glaubens ist Liebe.*
> *Die Frucht der Liebe ist Dienst.*
> *Die Frucht des Dienstes ist Friede.*

Der Ursprung von allem, so meint sie damit, ist die Stille. Sie schafft die Liebe und den Frieden. Wenn ich mit einem Menschen Konflikte habe, so kann ich nicht in Stille mit ihm ausharren. Der Zwist bewegt mich, ich kann mich nicht ruhig halten. Konflikte fordern Auseinandersetzungen, Streit, auch wenn es meist besser wäre zu schweigen. Mit Menschen, mit denen ich die Stille teilen kann, bin ich versöhnt. Es gibt nichts zwischen uns, keine Steine liegen im Weg, keine Lasten auf der Seele. Mit diesen Menschen bin ich vereint und so stark verbunden, dass wir keine Worte brauchen. Es herrscht ein großes Vertrauen zwischen uns. Ich kann so sein, wie ich bin, und muss nichts mit der Stimme übertönen. Schweigen herrscht zwischen uns, aber kein eisiges Schweigen. Es ist ein Schweigen, durch das wir spüren, wir sind füreinander da, wir brauchen es uns nicht zu sagen.

Mit einem geliebten Menschen schweigt man oft unbewusst. Man muss dafür keine Schweigezeiten einrichten. Mit wem können Sie schweigen?

Blicke in dein Inneres!
Da drinnen ist die Quelle alles Guten.

MARC AUREL

41

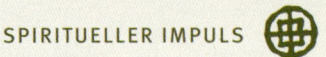

(42) In Gedanken bei dir

Wie uns die Stille mit geliebten Menschen verbindet

Nicht immer ist es möglich, Menschen, die uns nahestehen, auch um uns zu haben. Sodass wir sie sehen können, wenn wir möchten. Mit ihnen sprechen können, wenn uns danach ist. Etwas gemeinsam mit ihnen unternehmen können, wenn wir Zeit haben.

Für die Verbundenheit mit einem Menschen ist nicht die Anzahl der Stunden ausschlaggebend, die wir mit ihm verbringen. Es ist vielmehr die innere Verbindung, die zählt. Ich kann an einen geliebten Menschen denken, vielleicht aus heiterem Himmel, und ihm im Stillen Grüße senden. Natürlich wird er diese nicht wie eine Mail oder Postkarte erhalten, aber er wird es spüren. Ich kann mir einen Menschen, dem ich mich sehr verbunden fühle, ganz bewusst vor Augen führen. Ich kann mich in Stille hinsetzen, mir diesen Menschen vorstellen und ihn innerlich meiner Zuneigung versichern. So häufig sagen wir jemandem, dem eine schwere Prüfung bevorsteht: »Ich denke an dich und drücke dir die Daumen.« Dies wird den anderen bestärken, ihm Vertrauen geben, auch wenn ich in der Prüfungssituation nicht physisch neben ihm stehen kann. In Gedanken kann ich ihm die Hand halten. Ich kann einem geliebten Menschen, der in der Ferne lebt, meine Inspiration schenken, ihm Glück wünschen und im Stillen mein Leben für Augenblicke mit ihm teilen.

Wie oft passiert es doch, dass sich jemand ganz plötzlich meldet, an den man eben erst gedacht hat! Es gibt eine innere Verbundenheit, die alle Entfernungen und Grenzen überwindet. In der Stille spürt man sie.

Mein lieber Freund,
heute bekommst
Du endlich einen
Brief. Ich wollte

42

NICHTS MACHT GLÜCKLICHER,
ALS GUT ÜBER DEN NÄCHSTEN
ZU DENKEN.

THÉRÈSE VON LISIEUX

(43) auch anderen Stille gönnen
Achtsamkeit im Umgang miteinander

Die Stille, die für uns selbst so wichtig ist, müssen wir auch anderen Menschen gewähren. Dies gehört zu den Grundprinzipien des achtsamen Umgangs miteinander.

Es gibt eine weise Geschichte über einen australischen Bergsteiger, der im Himalaja unterwegs war. Er wurde begleitet von Sherpas. Der Zeitplan des Bergsteigers war eng getaktet, die nächsten Monate weitgehend ausgebucht. So ging er zügig voran und nötigte auch die Sherpas, mit ihm Schritt zu halten. Sie folgten ihm zunächst in dem von ihm vorgegebenen Tempo. Nach einiger Zeit baten die Sherpas jedoch um eine Pause. Der Bergsteiger ließ sich darauf ein und machte Rast mit ihnen. Seine Ungeduld bewegte ihn jedoch dazu, sich nach kurzer Zeit wieder zu erheben und auch die Sherpas anzutreiben, ihm weiter zu folgen. Diese reagierten aber nicht, sondern blieben einfach sitzen. Der Bergsteiger wurde unruhig und laut mit ihnen. Er schimpfte und versuchte, sie mit vielen Worten zum Aufstehen zu bewegen. Schließlich sagte einer der Sherpas: »Wie sollen wir weitergehen können? Unsere Seelen sind noch nicht angekommen und ohne sie können wir den Weg nicht fortsetzen.« **Diese überlieferte Geschichte** erinnert uns daran, dass wir den Druck, dem wir uns selbst häufig aussetzen, nicht an andere Menschen weitergeben dürfen. Wir müssen lernen, anderen die nötige Zeit zu lassen, damit sie nicht auf der Strecke bleiben. Sie behutsam und mit Feingefühl zu behandeln und mit leisen Schritten zu begleiten. Nur wenn ich anderen mit Achtsamkeit begegne, kann ich sie auch von ihnen erwarten.

43

Wo immer die Brüder sind und
sich treffen, soll einer dem
anderen Bruder sein.

FRANZ VON ASSISI

44 Friedenswunsch

In der Stille den anderen die Hand reichen

In der Stille bin ich allein. Ich meide den Lärm der Gesellschaft und ziehe mich zurück. Aber wenn ich die Stille bewusst wahrnehme, fühle ich mich zugleich eins mit allen Menschen.

Ich genieße in der Stille das Alleinsein. Doch wie die deutsche Sprache verdeutlicht: Im Alleinsein bin ich auch all-eins. Ich spüre in der Stille, dass ich eins bin mit allen Menschen. Ich telefoniere nicht, ich spreche nicht mit ihnen, ich sehe sie nicht. Niemand ist in meiner Nähe. Aber in der Tiefe meiner Seele bin ich eins mit dem Seelengrund der anderen Menschen. Ich fühle eine tiefe innere Verbindung.

Das haben schon die frühen Mönche so erfahren. Evagrius Ponticus sagt: »Ein Mönch ist ein Mensch, der sich von allem getrennt hat und sich doch mit allem verbunden fühlt.« In der Stille spüre ich die Einheit mit allen Menschen, mit der ganzen Schöpfung und mit Gott. Und aus diesem Gefühl von Einssein kann ich den Segen Gottes in der Stille zu all den Menschen strömen lassen, mit denen ich mich verbunden fühle. Ich muss ihnen dabei nicht gegenüberstehen, sondern kann in Gedanken bei ihnen sein. Ich wünsche diesen Menschen »von Herz zu Herz« Frieden, dass sie mit sich in Einklang kommen, dass sie das erfahren, was ihnen guttut und was sie jetzt für ihre Seele brauchen. Ich muss dann gar nicht Frieden schließen mit ihnen. Ich bin im Frieden mit ihnen. **Wenn ich ihnen** dann zu einem anderen Zeitpunkt von Angesicht zu Angesicht begegne, geht dieser Frieden auch in meinem Blick oder in meinen Worten auf sie über.

aus Liebe leben, das heisst,
unaufhörlich weiterfahren, den Frieden,
die Freude in alle Herzen säend.

THÉRÈSE VON LISIEUX

45 Ich mache den ersten Schritt

Dem anderen entgegengehen

Im Bereinigen von Konflikten und auf dem Weg der Versöhnung hilft es sehr, wenn man sich vorstellt, dass es bei den Mängeln und Fehlern, die man bei einem anderen zu erkennen glaubt, immer nur um einen Teil seiner Persönlichkeit geht.

Es sind immer nur gewisse Seiten der anderen Person, an denen man sich reibt. Nie die Person in ihrem ganzen Wesen. Diese innere Haltung ist gerade in Momenten von Wut und Ärger sehr hilfreich. Man kann sie einüben.

Nehmen Sie eine Meditationshaltung ein, schließen Sie die Augen und betrachten Sie innerlich die Person, mit der Sie gerade Reibungspunkte haben. Begegnen Sie ihr mit Wohlwollen, schauen Sie sie mit einem Lächeln an. Schieben Sie den Groll, der jetzt vielleicht in Ihnen hochkommen mag, einfach für einige Augenblicke beiseite. Sie behalten Ihr Lächeln bei. Erinnern Sie sich an heitere Stunden, an vergnügliche Unternehmungen miteinander und vor allem an solche Situationen, in denen der andere eine Stütze für Sie war.

Gehen Sie diesem Menschen gedanklich entgegen. Strecken Sie Ihren Arm aus und spüren Sie, ob es Ihnen möglich ist, dem anderen die Hand zu reichen. Wenn es Ihnen schwerfällt, überlegen Sie, welche Steine es gibt, die Sie weiter aus dem Weg räumen können. Wenn die Widerstände noch zu groß sind, verabschieden Sie sich für heute mit einem Lächeln von Ihrem imaginären Gegenüber. Machen Sie am nächsten Tag die gleiche Übung und versuchen Sie, täglich weitere Schritte auf den anderen Menschen zuzugehen. So lange, bis die Versöhnung gelingt.

45

Wo Liebe ist, ist Versöhnung leicht.

ÜBERLIEFERUNG AUS WALES

46 FREU DICH DES LEBENS
Quellen der Freude

Es gibt für jeden Menschen Dinge im Leben, die für ihn ein Quell der Freude sind. Dies sind Erinnerungen an gute Tage, an schöne Erlebnisse, an bereichernde Begegnungen.

Sie bleiben in unserem Herzen haften, egal, welche Stürme das Leben bereithält. Manchmal sind es nur ganz winzige Dinge, die uns an die Quellen der Freude erinnern. Ein Foto beispielsweise, ein bestimmter Geruch, ein Kleidungsstück, eine getrocknete Blüte. Diese Dinge bringen uns in Berührung mit den schönen Momenten, die vielleicht schon lange vergangen, aber nie vergessen sind. **Sich solche Momente zu schaffen,** ist ganz wichtig für ein gelingendes Leben. Deshalb sollten Sie sich bewusst auch immer wieder Gutes tun. Wann haben Sie sich das letzte Mal etwas Schönes gegönnt?

Und was würde Ihnen große Freude bereiten? Hier einige Vorschläge:

Womit Sie sich erfreuen können
- *ein Wellnesstag*
- *ein Frühstück mit Freunden*
- *eine lange Wanderung*
- *ein Museumsbesuch*
- *eine Fahrt ins Blaue*
- *ein Stadtbummel*

Diese Liste können Sie nach Belieben verändern, ergänzen, in eine andere Reihenfolge bringen. Hauptsache, Sie haben eine solche Wunschliste, bei der Sie auch immer wieder einen Punkt abhaken können. Weil Sie sich etwas gegönnt haben. Bewahren Sie es, wie eine Schale das Wasser. Daran können Sie sich immer wieder erquicken.

46

Gönne dich dir selbst. Ich sage nicht:
 Tu das immer. Ich sage nicht: Tu das oft,
aber ich sage: Tu es immer wieder einmal.

BERNHARD VON CLAIRVAUX

(47) Keine Ablenkung
Bei sich selbst sein

Der Rückzug in die Stille führt zur Auseinandersetzung mit sich selbst. Aber nur so erkennen wir, was uns auf der Seele lastet und tief in uns vorgeht. Nur so können wir uns selbst auf den Grund gehen und Zwiesprache mit uns halten.

Wenn wir dem äußeren Lärm entrinnen, können wir auch innerlich zur Ruhe kommen und uns auf uns selbst und unsere Bedürfnisse besinnen. Setzen Sie sich bequem hin, schließen Sie die Augen und lassen Sie sich gedanklich in die Vergangenheit entführen. Lassen Sie die letzten Jahre Revue passieren. Welche Ereignisse haben Sie wirklich erfüllt, was hat Sie bereichert? Sie merken es ganz leicht, wenn Sie den Gefühlen nachspüren. Beim Rückblick auf schöne Ereignisse wird es vielleicht warm in Ihrem Bauchraum oder um das Herz.

Welche Situationen waren dies? War es vielleicht immer dann, wenn Sie in der Natur unterwegs waren und sich frei fühlten? Oder wenn Sie eine bestimmte Musik hörten? Vielleicht auch dann, wenn Sie selbst kreativ waren? Oder in Gemeinschaft mit bestimmten Menschen?

Sie werden feststellen, dass sich Raster ergeben. Es werden immer wieder ähnliche Situationen sein, in denen Sie sich freudig, zufrieden und im Einklang mit sich selbst gefühlt haben. Versetzen Sie sich in diese Situationen hinein und schauen Sie, was Sie damals besonders berührte. Wenn Sie die Augen dann wieder geöffnet haben, machen Sie sich kleine Notizen, und vor allem – überlegen Sie, ob und wann Sie sich demnächst wieder einmal solch erfüllende Momente schenken können, um bei sich selbst anzukommen.

47

Die grösste Offenbarung ist die Stille.

LAOTSE

48 FREI WERDEN
Äußeren und inneren Ballast abwerfen

Entrümpelungsaktionen sind nicht nur für materielle Dinge wichtig, sondern auch für unseren Geist. Wenn wir Ballast abwerfen, wird der Blick für das Wesentliche frei.

In manchen Klöstern gibt es ein sehr hilfreiches Ritual – einen Entrümpelungstag. Ein- bis zweimal pro Jahr werden die Mitglieder der Gemeinschaft aufgefordert, alles vor ihre Zellentür zu stellen, was sich im Laufe der letzten Monate an Überflüssigem angesammelt hat.

Die Ordensleute bewohnen in der Regel nur einen Raum und haben keine Möglichkeit, große Lager anzulegen. Dennoch scheint es erstaunlich zu sein, so hört man immer wieder, was sich dort so alles ansammeln kann. Manche Ordensleute beschäftigen sich sehr lange mit der Frage, was sie entbehren können, anderen fällt es leicht, sich von Dingen zu trennen. So ist es eben im Leben.

Diese Entrümpelungspraxis ist auch sehr hilfreich für uns Menschen außerhalb der Klostermauern. Viele von uns haben viel mehr Möglichkeiten als die Ordensmitglieder, Dinge um sich zu scharen, zu kaufen, zu lagern, zu horten. Man könnte sie doch noch einmal brauchen. Dabei belasten uns viele Gegenstände nur. Sie stehen »im Weg rum«, blockieren uns und geben keinen Raum frei für Neues. Deshalb sollten wir uns regelmäßige Entrümpelungstage verordnen, nicht nur, wenn wir umziehen müssen.

Wir sollten uns aber auch innerlich von schlechten Erfahrungen, Ärger, Groll, Vorbehalten trennen, die uns auf der Seele lasten. Sie verstellen die Sicht auf das, was wirklich zählt.

48

Zweifache Mühe hat der Vogel,
der sich auf den Leim hingesetzt hat:
sich losreissen und sich davon reinigen.

JOHANNES VOM KREUZ

49 Die Kunst der Selbstverwirklichung
Eigene Wünsche und Potenziale entdecken

Seine eigenen Fähigkeiten, Möglichkeiten und Wünsche zu entdecken, ist gar nicht so einfach, wie einem so manche Werbung vorgaukelt. Dazu gehören Fingerspitzengefühl und Intuition. Und manchmal ist es harte Arbeit.

Verwirklichen Sie sich selbst! Wie soll dies gehen? Mit Hilfe einer Typberatung vielleicht? Es gibt kein Rezept, das einem die Verwirklichung der eigenen Potenziale garantiert. Und es gibt keinen Katalog, aus dem man sich seine inneren Sehnsüchte heraussuchen und sie dann bestellen kann.
Die eigenen Wünsche und Potenziale sind nichts Statisches. Sie entwickeln sich vielmehr mit uns. Was ich mir vor zehn Jahren wünschte und damals verwirklichen wollte, hat für mich heute möglicherweise nicht mehr diese Bedeutung.

Die Kunst der Selbstverwirklichung verlangt von mir, mich mit meiner Persönlichkeit, meiner Lebenssituation, meinen Aufgaben, meinen Wertvorstellungen und natürlich auch meinen Möglichkeiten auseinanderzusetzen.
Hilfreich kann es sein, sich an Vorbildern zu orientieren. An Menschen, denen etwas gelungen ist, was man auch gerne umsetzen möchte. Ihren Weg kann man verfolgen und sie zurate ziehen. Wenn man sich nicht persönlich mit ihnen treffen kann, dann kann man sich vorstellen, wie sie einen wohlwollend begleiten, mit einem Lächeln auf dem Gesicht. Und man kann sich überlegen, was sie wohl in dieser Situation gemacht hätten. Vielleicht fragt man sie einfach innerlich um Rat. So kann man allmählich seinen Wünschen und Potenzialen auf die Spur kommen.

49

Bei DIR selbst muss also
deine Besinnung anfangen.

BERNHARD VON CLAIRVAUX

50 auf zu anderen Ufern
Neues wagen zur rechten Zeit

Wir können lernen, im richtigen Moment das Entscheidende zu tun und die Gunst der Stunde zu nutzen – die Griechen nannten diese Fähigkeit im Umgang mit der Zeit »kairos«, im Unterschied zu »chronos«, der mit einer Uhr messbaren Zeit.

Diese Fähigkeit ist eine hohe Kunst. Die man aber erlernen kann. Nehmen Sie sich viel Zeit für den ersten Schritt und ziehen Sie sich an einen stillen Platz zurück, an dem Sie nachdenken können. Stellen Sie nun fünf Plastikbecher vor sich auf. Jeden Becher bekleben Sie mit einem Zettel. Auf dem ersten steht »Neues wagen«, auf dem nächsten »1 Woche«, auf dem dritten »1 Monat«, auf dem vierten »1/2 Jahr« und auf dem letzten »1 Jahr«. Nun nehmen Sie weitere Zettel zur Hand. Notieren Sie darauf, welche neuen Impulse und Wendungen Sie Ihrem Leben geben möchten. Alle Zettel kommen zunächst in den Becher »Neues wagen«. Dann werden sie verteilt in die Becher mit den Zeitangaben. Denken Sie darüber nach, in welchen realistischen Zeitspannen Sie die Änderungen tatsächlich angehen und umsetzen können.

Nun fangen Sie an mit den Neuerungen für die erste Woche. Es sind vielleicht Kleinigkeiten, aber wichtige Schritte auf dem Weg zu größeren Änderungen. Nach jeder Änderung, die Sie vollzogen haben, können Sie einen Zettel zerreißen. Nehmen Sie sich am Ende der Woche den Becher vor. Enthält er schon weniger Zettel oder ist gar leer geworden? Dann haben Sie viel erreicht. So gehen Sie Schritt für Schritt mit allen Bechern vor. Wenn am Ende des Jahres alle Becher leer sind, haben Sie bahnbrechend Neues gewagt.

50

Es genügt nicht, ... bloss einen Entschluss zu fassen. Nur durch Selbstüberwindung gelangt man zum Ziel.

Vinzenz von Paul

51 DIE ZEIT ALS GESCHENK BETRACHTEN

Einen neuen Standpunkt einnehmen

»So bekommen Sie die Zeit in den Griff« – verheißt so mancher Werbespruch. »Zeitmanagement-Seminare« werden angeboten mit dem Versprechen, Zeit optimaler zu planen und zu nutzen.

So sollen wir Zeit gewinnen lernen. Als ob die Zeit ein Gegner wäre. Dabei kommen wir durch Beschleunigung nicht aus der Zeitnot. Lange reichte den Menschen der Mond als Kalender und die Sonne als Uhr. Bis ins Spätmittelalter war Zeit kein dominierendes Thema. Man lebte im Rhythmus der Natur, stand mit den Hühnern auf und ging zu Bett, wenn es dunkel wurde.

Bis in Europa um 1300 die erste Räderuhr erfunden wurde. Von da an sollte jeder wissen, was die Stunde schlägt. Uhren wurden an Kirchtürmen, öffentlichen Gebäuden und Plätzen angebracht. So begann das Leben nach dem Glockenschlag. Heute sind Tage ohne eine Uhr, die uns im Sekundentakt die Zeit anzeigt, nicht mehr vorstellbar. Ständig schauen wir darauf und lassen uns durch das Vorrücken der Zeiger antreiben. Dabei ist die Zeit doch ein wertvolles Geschenk, das wir mit großer Achtsamkeit behandeln sollten! Die Zeit ermöglicht uns, zu lernen, zu wachsen, zu reifen, uns zu entwickeln. Deshalb ist sie für uns Menschen ein Gut, das durch nichts aufzuwiegen ist.

Versuchen Sie in den nächsten Tagen einmal, die Zeit unter diesem Gesichtspunkt zu betrachten. Halten Sie zwischendurch immer wieder inne und lassen Sie einige Minuten verstreichen. Denken Sie in diesen Momenten daran, wie schön es ist, dass Ihnen Zeit geschenkt wird. Und empfinden Sie jede Sekunde als Kostbarkeit.

51

GESTERN NOCH HABEN WIR ÜBER DIE
ZEIT GEKLAGT ... HEUTE ABER HABEN WIR
GELERNT, SIE ZU LIEBEN UND ZU VEREHREN.

KHALIL GIBRAN

52 Bei sich selbst ankommen
In mir zur Ruhe kommen

In der Stille bin ich bei mir und in mir. Ich bin bei meinem wahren Selbst angekommen, bei meinem Wesenskern.

Viele sind nicht bei sich. Sie sind in Gedanken ständig woanders. Sie gehen in den Räumen ihrer Gedanken spazieren. Sie sind immer in der Fremde. Wenn ich meine Gedanken zum Schweigen bringe, ist das der erste Schritt, um bei mir anzukommen. Wenn ich bei mir ankomme, kann ich auch bei mir zur Ruhe kommen. Ich bin dann bei mir daheim.

Aber das deutsche Wort »ankommen« hat noch eine andere Bedeutung: Ich komme bei den Menschen an. Ich finde Zuspruch. Wenn ich bei mir ankomme, ist das nur angenehm, wenn ich auch Zuspruch bei mir finde, wenn mein innerstes Selbst diesen unruhigen Menschen, der gerade bei sich angekommen ist, annimmt. Es ist nur ein gutes Ankommen, wenn ich mich selbst annehme, wenn ich freundlich mit mir selbst umgehe, wenn ich aufhöre, an mir ständig herumzukritisieren. So besteht der zweite Schritt des Ankommens darin, in mir zur Ruhe zu kommen, liebevoll das anzunehmen, was ich bei mir vorfinde. Und der dritte Schritt: Ich möchte am Ziel ankommen. Ganz angekommen bei mir bin ich erst, wenn ich bei Gott ankomme, der in mir wohnt. Dann bin ich wahrhaft angekommen und daheim.

Ein Wort Benedikts von Nursia zum Schluss
Alle Fremden, die kommen, sollen aufgenommen werden wie Christus; denn er wird sagen: Ich war fremd, und ihr habt mich aufgenommen.

52

Weiter nichts ... Ein wenig Sonne,
ein kleiner Luftzug, ein paar Bäume, ...
der Wunsch, glücklich zu sein.

FERNANDO PESSOA

Die Themen im Überblick

Bücher, die weiterhelfen

Bücher von Petra Altmann (eine Auswahl)

Atem holen im Kloster. Ein Reiseführer für Körper, Geist und Seele. Sankt Ulrich Verlag 2011

Wohlfühl-Tipps aus dem Kloster. Don Bosco Verlag 2009

Oasen für jeden Tag. Don Bosco Verlag 2008

Aufbruch in die Stille. 33 Kloster-Inspirationen. Herder Verlag 2010

Das ABC der Dankbarkeit. Herder Verlag 2011

Abstand vom Alltag. Drei Tage Kloster zu Hause. Sankt Ulrich Verlag 2011

Achtsam, ruhig und gelassen. Ein erfülltes Leben führen. adeo Verlag 2012

Weisheit aus der Stille. Herder Verlag 2011

Bücher von Anselm Grün (eine Auswahl)

Einfach leben. Das große Buch der Spiritualität und Lebenskunst. Herder Verlag 2011 (mit Rudolf Walter)

Das große Buch der Lebenskunst. Was den Alltag gut und einfach macht. Herder Verlag 2012 (mit Anton Lichtenauer)

Herzensruhe. Im Einklang mit sich selber sein. Herder Verlag 2013

Quellen innerer Kraft. Erschöpfung vermeiden – Positive Energien nutzen. Herder Verlag 2007

Perlen der Weisheit. Die schönsten Texte von Anselm Grün. Herder Verlag 2012 (mit Rudolf Walter)

Erfülltes Leben – Erfüllte Zeit. Gedanken für die Seele. St.-Benno Verlag 2013

Die Autoren

Anselm Grün, Dr. theol., ist Mönch und wirtschaftlicher Leiter (Cellerar) der Benediktinerabtei Münsterschwarzach. Er studierte Philosophie und Theologie sowie Betriebswirtschaft. Neben der intensiven Auseinandersetzung mit der Mönchstradition beschäftigte er sich schon früh mit Meditation sowie mit der Psychologie C. G. Jungs.

Geschätzter spiritueller Berater und geistlicher Begleiter, ist er einer der meistgelesenen christlichen Autoren. Dabei ist es ihm ein wesentliches Anliegen, den Menschen die geistliche Tradition des Christentums aus dem Mönchtum, aus der Liturgie und dem Kirchenjahr zu vermitteln, indem er diese mit psychologischen Einsichten vergleicht und ihre heilende Wirkung beschreibt. Zudem kümmert er sich um Geistliche, die in die Krise geraten sind.

www.anselm-gruen.de

Dr. Petra Altmann studierte Kommunikationswissenschaften, Kunstgeschichte und Soziologie. Sie war viele Jahre in Führungspositionen in Buchverlagen tätig und arbeitet heute als freie Journalistin und Buchautorin.

Schwerpunktmäßig beschäftigt sie sich seit Langem mit den klösterlichen Traditionen und den gesellschaftlichen Werten. Dazu liegen inzwischen mehr als 20 Buchveröffentlichungen von ihr vor. Regelmäßig verbringt sie selbst Tage im Kloster und schöpft aus dem reichen Erfahrungsschatz der Nonnen und Mönche. Dr. Petra Altmann wurde 2010 als erste Ausländerin mit dem italienischen Frauen-Award »Premio Donne Eccellenti« ausgezeichnet.

www.dr-petra-altmann.de

Impressum

© 2013 GRÄFE UND UNZER VERLAG GmbH, München. Alle Rechte vorbehalten.

Projektleitung: Anna Cavelius
Lektorat: Daniela Weise
Layout: independent Medien-Design, H. Moser
Bildredaktion: Julia Fell, Veronika Hoffmann
Herstellung: Susanne Mühldorfer
Satz: Ludger Vorfeld

Printed in China

ISBN 978-3-8338-2704-4

1. Auflage 2013

Bildnachweis:
A1pix/your photo today 12, 15, akg Images 44, Alimdi 24, Anzenberger 4, Bilderberg/Avenue Images 8, Bildagentur Huber 43, Biosphoto 23, Blickwinkel 19, Corbis Titelbild, 6, 26, 32, 38, ddp images 16, 52, Getty Images 5, 36, 39, 47, 48, 49, Glowimages 7, F1 Online 1, 10, 21, Fotolia 46, ImagePoint 14, Interfoto 2, iStockphoto 16, 18, Laif 37, Mauritius Images 3, 9, 20, 22, 40, 41, Plainpicture 25, 30, 31, 33, 34, 45, 50, 52, Shutterstock 35, Süddeutsche Zeitung Photo 42, Zoonar 11

 www.facebook.com/gu.verlag

GRÄFE UND UNZER

Ein Unternehmen der
GANSKE VERLAGSGRUPPE

DAS ORIGINAL MIT GARANTIE

Unsere Garantie

Alle Informationen in diesem Ratgeber sind sorgfältig und gewissenhaft geprüft. Sollte dennoch einmal ein Fehler enthalten sein, schicken Sie uns das Buch mit dem entsprechenden Hinweis an unseren Leserservice zurück. Wir tauschen Ihnen den GU-Ratgeber gegen einen anderen zum gleichen oder ähnlichen Thema um.

Liebe Leserin, lieber Leser,

wir freuen uns, dass Sie sich für ein GU-Buch entschieden haben. Mit Ihrem Kauf setzen Sie auf die Qualität, Kompetenz und Aktualität unserer Ratgeber. Dafür sagen wir Danke! Wir wollen als führender Ratgeberverlag noch besser werden. Daher ist uns Ihre Meinung wichtig. Bitte senden Sie uns Ihre Anregungen, Ihre Kritik oder Ihr Lob zu unseren Büchern.
Haben Sie Fragen oder benötigen Sie weiteren Rat zum Thema? Wir freuen uns auf Ihre Nachricht!

Wir sind für Sie da!
Montag–Donnerstag:
8.00–18.00 Uhr;
Freitag: 8.00–16.00 Uhr
Tel.: 08 00/7 23 73 33
Fax: 08 00/5 01 20 54
(kostenlose Servicenummern)
E-Mail: leserservice@graefe-und-unzer.de
P.S: Wollen Sie noch mehr Aktuelles von GU wissen, dann abonnieren Sie doch unseren kostenlosen GU-Online-Newsletter.

GRÄFE UND UNZER VERLAG
Leserservice
Postfach 86 03 13
81630 München